数学文化与案例

主　编　张　敏

天津出版传媒集团

天津科学技术出版社

内 容 简 介

数学是基础性学科，在人类历史发展和社会生活中发挥着不可替代的作用，古往今来，涌现出成千上万富有创造性和进取精神的数学家，如毕达哥拉斯、祖冲之、牛顿、华罗庚等。 他们用自己的非凡智慧和杰出的创造，为人类社会做出了巨大贡献。

高高的金字塔，泰勒斯用影子就能测量；泡一个澡，阿基米德就能发现浮力定律；业余的数学家费马，却难住了整个数学界三百多年……这些举世闻名的数学家们，还有什么有趣的故事呢？本书将带你了解数学家背后的生活点滴、逸闻趣事及成功经历。读完本书你将发现，这些数学家能取得如此成就，虽与其独有的天资、机遇有一定关系，但更重要的是他们具有坚忍不拔的品性、挑战权威的胆略与执着向前的勇气。

图书在版编目（CIP）数据

数学文化与案例/张敏主编. 一天津：天津科学
技术出版社，2020.9
　　ISBN　978-7-5576-8657-4
　　Ⅰ.①数…　Ⅱ.①张…　Ⅲ.①数学课－中等专业学校
－教材　Ⅳ.①G634.601
　　中国版本图书馆 CIP 数据核字（2020）第 160233 号

数学文化与案例
SHUXUE WENHUA YU ANLI

责任编辑：吴　顿
责任印制：兰　毅

出　版：**天津出版传媒集团**
　　　　　天津科学技术出版社
地　址：天津市西康路 35 号
邮　编：300051
电　话：(022)23332377(编辑室)
网　址：www.tjkjcbs.com.cn
发　行：新华书店经销
印　刷：北京天恒嘉业印刷有限公司

开本 787×1092　1/16　印张 11　字数 224 000
2020 年 9 月第 1 版第 1 次印刷
定价：38.00 元

编 委 会

前　言

　　近年来，随着科学技术的飞速发展，科技革命和产业变革对技术技能人才的科学文化基础、综合素养提出了新要求，教育部以新时代中国特色社会主义思想为指导，贯彻党的十九大和十九届二中、三中、四中全会精神和全国教育大会精神，落实职教 20 条关于"将标准化建设作为统领职业教育发展的突破口""发挥标准在职业教育质量提升中的基础性作用"的要求，研制了《中等职业学校数学课程标准》等多门课程标准。本教材根据《中等职业学校数学课程标准》，结合中职学生具体学情，充分融入数学发展历程、背景、思想和精神等数学文化，切合现实应用，以培养学生数学核心素养为目标，紧紧围绕数学运算、直观想象、逻辑推理、数学抽象、数据分析和数学建模等 6 个学科核心素养进行内容的编纂，引导学生品数学百家，读数学经典。

　　冷冰冰的数字，晦涩难记的公式，看不透的几何……提起数学，人们心中的紧张和头部的摇摆足以显示出"数学，是一个我走不进去的世界"。然而，本书在一线拥有丰富教学经验的教师的精心编纂下，力求用最通俗的词句，最生动的语言，带大家走进一个全新的数学世界。

　　在这个数学世界里，数学不仅在书上，数学就在我们身边。数学，可以如诗一般押韵，"六丈六尺布，裁成两种裤，长的七尺二，短的二尺五"；亦可如歌一般美好——"九十九条打猎去，九十九条看羊来"，既有好看的皮囊——线的直、面的平、曲线的光滑、圆弧的美满；又有着有趣的灵魂——"你知道提出'祖率'的祖冲之是数学家，你可知道他还是个会讲神话故事的段子手？"

　　在这个世界里，你可以穿越回古代，看华夏民族人文始祖伏羲是如何创立坐标系，与班昭一起邂逅一次函数；也可以游览中外，参与纳皮尔的奇妙之旅，跟着国王放米；还可以回归生活，看清"校园贷"的真面目，识破各类骗局。

　　数学源于生活，又应用于生活；是中职教育中最为重要的基础学科，也是最薄弱的环节。本教材融合历史、人文、科技、生活等多学科知识，让学生全方位地了解学习数学，将数学文化渗透于学生数学学科核心素养的培养之中，尽显"大数学"之风范。

　　由于我们水平有限，时间仓促，书中的缺点和不足在所难免，欢迎广大读者批评指正。

目 录

第一章　数学代有人才出，各领风骚数百年

第一节　中国，数学强国

中国古代数学的成就甚大，在世界科技史上占有重要的地位，至唐代时在数学方面更是取得了令人瞩目的成就。

首先，首创了世界上第一个数学专科学校，这就是国子监所辖的六学之一的算学，长安与洛阳各置一所，专门培养数学人才。算学招收学生，置有算学博士等学官，负责学生的教学工作。

算学颁布有统一的教材，也就是所谓的《算经十书》，即《周髀算经》《九章算术》《海岛算经》《孙子算经》《张丘建算经》《五经算术》《五曹算经》《辑古算经》《夏侯阳算经》《缀术》等。

据《唐会要》卷三六《修撰》载"永隆元年十二月，太史李淳风进注释《五曹》《孙子》等十部算经，分为二十卷"。另据同书卷六六《广文馆》载显庆元年年，"令习李淳风等注释《五曹》《孙子》等十部算经，为分二十卷行用"。

可知对这套书的注释共计花费了 24 年时间，可见工作难度之大。其实这套书的注释工作并非李淳风一人完成，另据记载"淳风复与国子监算学博士梁述、太学助教王真儒等受诏注《五曹》《孙子》十部算经"。可知梁述、王真儒等人也参与了此项工作。

数学专科学校的建立虽然算不上数学发展的成就，然而由于它的建立，有利于数学专门人才的培养，将会有力地促进中国数学的发展，从这个意义上看，算学的设立应该具有划时代的意义，是这一学科发展到一定程度的产物。

其次，出现了一批数学著作。我国古代最重要的数学著作就是《九章算术》，它的完成"标志着中国古代数学体系的确立"。

之所以如此评价，是因为它是后来中国数学发展的根基，标志着中国传统数学理论体系的完成，其思想和方法对古代世界数学的发展产生了深远

的影响，对现代数学的研究和教学仍具有启迪作用。

《九章算术》的问世，带来了中国数学研究和教育的空前繁荣，从三国到唐末，出现了一批卓有成就的数学家，如赵爽、刘徽、祖冲之、王孝通等人，所出算书不下数十种。这些数学家及著作极大地充实和发展了中国古代数学理论。

唐代的重要的数学著作主要有算学博士王孝通的《缉古算经》，这使中国数学在深度上再向前推进一步。该书成书于武德九年，全书一卷，记载了 20 个数学问题，集中介绍了用开带从立方法，求出三次方程的正根，解决工程建设中遇到的实际问题。

《缉古算经》也是十部算经中最难的一部，唐代国子学规定其需要修习的时间也最长，达到三年。

《缉古算经》个问题中有大部分都是用高次方程主要是三次方程解决，这不仅是中国现存典籍中关于高次方程的最早记述，而且也是世界数学史上关于三次方程数值解法及应用的最古老、最珍贵的文献，标志着中国古代在代数学方面登上了一个崭新的阶梯，同时也为举世闻名的宋元时代天元术和四元术的诞生奠定了坚实的基础。

同时，唐中期人韩延所著的《夏侯阳算经》不是唐初立于官学的《夏侯阳算经》，是代宗时人写的一部实用算术，约完成于公元 770 年，是流传至今的唯一一部中唐时期算书。

唐代的另一数学成就是对《算经十书》的注释，其中《九章算术》由李淳风亲自注释，成就也最大。

李淳风的主要贡献在于对开立圆术的注释，使得我国古代对球体积的研究成果得以保存至今其次，在对配分比例、复比例、等差数列等问题的注释中，做出了很有价值的发挥再次，在对课分、差分等问题的注释上做出了贡献，其中课分的注释所用的方法与现在的比较方法完全相同。

在对《周髀算经》的注释中，李淳风注释修正了经文和赵爽注中的缺陷，列举出古代测日四术的错误，并按照倾斜大地的假设，重新构造了测日公式。并在此基础上进一步概括出"盖天六术"，试图从理论上彻底解决斜面大地的重差问题。

这种从平面推广到不同高度的重差测望发展了刘徽的重差理论，成为中国古代测量史上的创举。而且他据此提出的相似形问题，也对中国古代几何学做出了重要拓展。

纵观世界文明史，数学是几千年来人类智慧的结晶，已渗透到现实生活的一切领域。几千年来，数学的魅力吸引了众多的数学爱好者投身于数学研究，在世界数学发展的历史长河中涌现出了许许多多的杰出人物，而中国华人在数学领域的伟大作用，数不胜数，他们为振兴我国的数学事业而不断地奋斗，他们大都是某些数学领域的奠基人或集大成者在确定数学进程方面起了决定性的作用。他们的思想和成就体现了各自所处时代数学活动的主流。

从 14 世纪中叶明王朝建立到明末，中国传统数学的发展出现了停滞的现象，甚至在走向衰落，中国的数学出现长期停滞。还有许多其他原因，使中国数学开始落后于西方。

中国近现代数学开始于清末民初的留学活动。留学生们回国后成为著名数学家和数学教育家，为中国近现代数学发展做出重要贡献，推动了各地大学数学教育发展。北京大学 1912 年成立时建立数学系，到 1932 年，各地已有 32 所大学设立了数学系或数理系。1930 年，熊庆来在清华大学首创数学研究部，开始招收研究生，陈省身、吴大任成为国内最早的数学研究生。20 世纪 30 年代出国学习数学的还有江泽涵、陈省身、华罗庚等人，他们都成为推动中国现代数学发展的骨干力量。

在数学的一些重要领域，中国创造过许多项世界纪录，这些成就的取得，与我国古代一大批杰出的数学家密不可分。

第二节　数学界的蒲松龄——祖冲之

祖冲之（429—500），字文远。出生于建康（今南京），祖籍范阳郡道县（今河北涞水县），中国南北朝时期杰出的数学家、天文学家。祖冲之一生钻研自然科学，其主要贡献在数学、天文历法和机械制造三方面。他在刘徽开创的探索圆周率的精确方法的基础上，首次将"圆周率"精算到小数第七位，即在 3.1415926 和 3.1415927 之间，他提出的"祖率"对数学的研究有重大贡献。直到 16 世纪，阿拉伯数学家阿尔·卡西才打破了这一纪录。由他撰写的《大明历》是当时最科学最进步的历法，对后世的天文研究提供了正确的方法。

祖冲之在数学上的杰出成就，是关于圆周率的计算。秦汉以前，人们以"径一周三"作为圆周率，这就是"古率"。后来发现古率误差太大，圆周率应是"圆径一而周三有余"，不过究竟余多少，意见不一。直到三国时期，刘徽提出了计算圆周率的科学方法——"割圆术"，用圆内接正多边形的周长来逼近圆周长。刘徽计算到圆内接 96 边形，求得 π=3.14，并指出，内接正多边形的边数越多，所求得的 π 值越精确。祖冲之在前人成就的基础上，经过刻苦钻研，反复演算，求出 π 在 3.1415926 与 3.1415927 之间。并得出了 π 分数形式的近似值，取为约率，取为密率，其中取六位小数是 3.141929，它是分子分母在 1000 以内最接近 π 值的分数。祖冲之究竟用什么方法得出这一结果，现在无从考查。若设想他按刘徽的"割圆术"方法去求，就要计算到圆内接 16384 边形，这需要化费多少时间和付出多么巨大的劳动啊！由此可见他在治学上的顽强毅力和聪敏才智是令人钦佩的。祖冲之计算得出的密率，外国数学家获得同样结果，已是一千多年以后的事了。为了纪念祖冲之的杰出贡献，有些外国数学史家建议把 π 叫作"祖率"。

祖冲之博览当时的名家经典，坚持实事求是，他从亲自测量计算的大量资料中对比分析，发现过去历法的严重误差，并勇于改进，在他三十三岁时编制成功了《大明历》，开辟了历法史的新纪元。

祖冲之还与他的儿子祖暅（也是我国著名的数学家）一起，用巧妙的方法解决了球体体积的计算。他们当时采用的一条原理是："幂势既同，则积不容异。"意即，位于两平行平面之间的两个立体，被任一平行于这两平面的平面所截，如果两个截面的面积恒相等，则这两个立体的体积相等。这一原理，在西文被称为卡瓦列利原理，但这是在祖氏以后一千多年才由卡氏发现的。为了纪念祖氏父子发现这一原理的重大贡献，大家也称这原理为"祖暅原理"。

然而，叫人大跌眼镜的是，这样一位世界大师级的数学家、天文学家，却也是一位文艺青年，闲来喜欢写写小说，而且还是神话小说。让我们来看看祖冲之作为"文艺青年"的一面吧。

祖冲之老师除了有科学专著之外，还有一本文学专著，它的名字就叫《述异记》。祖冲之不是标题党，这本短篇小说集，讲的真是一些奇异的传说，其画风跟祖老师一向严谨科学的作风似乎不太搭调。然而，这确确实实是祖老师写的。这也不难理解，对科学有热情的人，同时也会对文学有着执着的一面，严肃细致不等于不可以浪漫热情。

不知道祖老师养不养宠物，但他似乎对小动物很有爱心。在他的《述异记》里写到了一只可爱的猎狗，狗的主人是谁呢？是晋朝大名鼎鼎的文学家陆机。陆机老师喜欢打猎，在江苏的时候，有人送给他一只狗，叫作"黄耳"。

黄耳一点也不简单。首先，它能识人意，主人要它做什么，不用太多的提示；第二，它定位能力超级强，有一次离家三百里，居然不用任何导航，自个儿回来了，"又尝借人三百里外，犬识路自还，一日至家"，而且只用了一天时间，可见奔跑能力非同一般，真是一只神奇的狗狗。

终于到了考验黄耳的时候了。陆机是东吴人，他的祖上就是东吴有名的大将陆逊、陆抗，而陆机住在京师洛阳。有一回陆老师想家了，想给家里人捎个信，然后又叫家里人也回信，这个艰巨的任务就交给了黄耳。陆机对黄耳说了自己的意思，黄耳听懂了，"摇尾作声应之"。陆机就把信写好，放在一只竹筒里，竹筒就系在黄耳的脖子上。黄耳就这么出发了，它能顺利完成主人交给的任务吗？

这只小狗很聪明，能够利用人类的文明成果和爱心。它白天沿着驿站走，这样就等于是拿驿站给自己定位，饿了当然不好上饭店，于是跑到草丛里抓小动物吃。在陆地上还好说，如果碰上大江大河咋办？黄耳这时候就扮可爱，一边耷拉着耳朵，一边对着船主人摇尾巴。船主人觉得它很可爱，于是就招呼它上船，"其人怜爱，因呼上船"。可见，早在晋朝，社会上就广有对动物怀有爱心的人士。而黄耳也很会搞公关，能够充分利用这些人士的爱心。

　　黄耳跋山涉水，终于到了主人的老家。它嘴巴里叼着竹筒，对着陆机的家里发出汪汪声，"口衔竹筒，作声示人"。陆机家里人打开竹筒，拿到了陆机的信。看完，黄耳又对着人发声，陆机家里人明白，又写了回信，托黄耳带回去。黄耳把回信带回到洛阳时，已经过了半个月。而人类在那个时代往返洛阳和东吴之间，要五十天时间，"计人行五旬，而犬往还裁半月"。

　　黄耳死后，陆机还舍不得，就把它葬在老家的村南，离陆机的家两百步，还特意"聚土为坟"，村里人都叫这座坟冢为"黄耳冢"。

第三节　位于群山之巅的数学家

　　朱世杰（1249—1314），字汉卿，号松庭，汉族，燕山（今北京）人氏，元代数学家、教育家，毕生从事数学教育。有"中世纪世界最伟大的数学家"之誉。朱世杰在当时天元术的基础上发展出"四元术"，也就是列出四元高次多项式方程，以及消元求解的方法。此外他还创造出"垛积法"，即高阶等差数列的求和方法，与"招差术"，即高次内插法。主要著作是《算学启蒙》与《四元玉鉴》。朱世杰的主要贡献是创造了一套完整的消未知数方法，称为四元消法。这种方法在世界上长期处于领先地位，直到 18世纪，法国数学家贝祖提出一般的高次方程组解法，才超过朱世杰。除了四元术以外，《四元玉鉴》中还有两项重要成就，即创立了一般的高阶等差级数求和公式及等间距四次内插法公式，后者通常称为招差术。此书代表着宋元数学的最高水平，美国科学史家萨顿称赞它"是中国数学著作中最重要的一部，同时也是中世纪的杰出数学著作之一"。

　　13 世纪末，历经战乱的祖国为元王朝所统一，遭到破坏的经济和文化又很快繁荣起来。蒙古统治者为了兴邦安国，便尊重知识，选拔人才，把各门科学推向新的高峰。有一天，风景秀丽的扬州瘦西湖畔，来了一位教书先生，在寓所门前挂起一块招牌，上面用大字写着："燕山朱松庭先生，专门教授四元术"。不几天，朱世杰门前门庭若市，求知者络绎不绝，就在朱世杰在接待学生报名之时，突然一声声叫骂声引起他的注意。只见一穿绸戴银半老徐娘，追着一年轻的姑娘，边打边骂："你这贱女人，大把的银子你不赚，难道想做大家闺秀，只怕你投错了胎，下辈子也别想了。"那姑娘被打得皮开肉绽，连贴身衣服都被撕坏了。姑娘蜷成一团，任凭她打，也不跟她回去。朱世杰路见不平，便上前询问，那半老徐娘见冒出一个爱管闲事之人，就嘲笑道："你难道想抱打不平，你送上 50 两银子，这姑娘就归你了！"朱世杰见此情景，大怒道："难道我掏不出 50 两银子。光天化日之下，竟胡作非为，难道没有王法不成？"那半老徐娘讽刺道："你这穷鬼，还谈什么王法，银子就是王法，你若能掏出 50 两银子，我便不打了。"

朱世杰愤怒已极，从口袋里抓出 50 两银子，摔在半老徐娘面前，拉起姑娘就回到自己的教书之地。原来，那半老徐娘是妓院的鸨母，而这姑娘的父亲因借鸨母的 10 两银子，由于天灾，还不起银子，只好卖女儿抵债。今天碰巧遇上朱世杰，才把姑娘救出苦海。后来，在朱世杰的精心教导下，这姑娘也颇懂些数学知识，成了朱世杰的得力助手，不几年，两人便结成夫妻。所以，扬州民间至今还流传着这样一句话：元朝朱汉卿，教书又育人。救人出苦海，婚姻大事成。

元统一中国后，他曾以数学家的身份周游各地 20 余年，向他求学的人很多，他到广陵（今扬州）时"踵门而学者云集"。他全面继承了前人数学成果，既吸收了北方的天元术，又吸收了南方的正负开方术、各种日用算法及通俗歌诀，在此基础上进行了创造性的研究，写成以总结和普及当时各种数学知识为宗旨的《算学启蒙》（3 卷），又写成四元术的代表作《四元玉鉴》（3 卷），先后于 1299 年和 1303 年刊印。

《算学启蒙》由浅入深，从一位数乘法开始，一直讲到当时的最新数学成果——天元术，形成一个完整体系。书中明确提出正负数乘法法则，给出倒数的概念和基本性质，概括出若干新的乘法公式和根式运算法则，总结了若干乘除捷算口诀，并把设辅助未知数的方法用于解线性方程组。

朱世杰处于中国传统数学发展的鼎盛时期。当时社会上"尊崇算学，科目渐兴"，数学著作广为传播。在宋元时期的数学群英中，朱世杰的工作具有特殊重要的意义。如果把诸多数学家比作群山，则朱世杰是最高大、最雄伟的山峰。站在朱世杰数学思想的高度俯嫩传统数学，会有"一览众山小"之感。朱世杰工作的意义就在于总结了宋元数学，使之在理论上达到新的高度。这主要表现在以下三个领域。

首先，方程理论。在列方程方面，蒋周的演段法为天元术作了准备工作，他已具有寻找等值多项式的思想，洞渊与信道是天元术的先驱，但他们推导方程仍受几何思维的束缚，李冶基本上摆脱了这种束缚，总结出一套固定的天元术程序，使天元术进入成熟阶段。在解方程方面，贾宪给出增乘开方法，刘益则用正负开方术求出四次方程正根，秦九韶在此基础上解决了高次方程的数值解法问题。至此，一元高次方程的建立和求解都已实现。而线性方程组古已有之，所以具备了多元高次方程组产生的条件。李德载的二元术和刘大鉴的三元术相继出现，朱世杰的四元术正是对二元术、三元术的总结与提高。由于四元已把常数项的上下左右占满，方程理论发展到这里，显然就告一段落了。从方程种类看，天元术产生之前的方程都是整式方程。从洞渊到李冶，分式方程逐渐得

到发展。而朱世杰，则突破了有理式的限制，开始处理无理方程。

其次，高阶等差级数的研究。沈括的隙积术开研究高阶等差级数之先河，杨辉给出包括隙积术在内的一系列二阶等差级数求和公式。朱世杰则在此基础上依次研究了二阶、三阶、四阶乃至五阶等差级数的求和问题，从而发现其规律，掌握了三角垛统一公式。他还发现了垛积术与内插法的内在联系，利用垛积公式给出规范的四次内插公式。

第三，几何学的研究。宋代以前，几何研究离不开勾股和面积、体积。蒋周的《益古集》也是以面积问题为研究对象的。李冶开始注意到圆城因式中各元素的关系，得到一些定理，但未能推广到更一般的情形。朱世杰不仅总结了前人的勾股及求积理论，而且在李冶思想的基础上更进一步，深入研究了勾股形内及圆内各几何元素的数量关系，发现了两个重要定理——射影定理和弦幂定理。他在立体几何中也开始注意到图形内各元素的关系。朱世杰的工作，使得几何研究的对象由图形整体深入到图形内部，体现了数学思想的进步。

第四节　由商人变身到数学家

程大位（1533—1606）是中国古代数学家，字汝思，号宾渠，安徽省休宁县（今黄山市）人。

程大位出身小商，自幼聪明好学，尤其喜爱数学，常不惜重金购求算书。20岁左右时，他利用外出经商的机会，邀游吴楚，遍访名师，遇有"睿通数学者，辄造请问难，孜孜不倦"。他身居小县城，对土地测量十分重视，曾创造"丈量步车"，并绘图传世。程大位40岁以后，倦于外游，便"归而覃思于率水之上余二十年"。他认真钻研古籍，绎其文义，审其成法，遍取各家之长，加上自己的心得体会，终于在万历二十年（1592）写成《算法统宗》（原名《直指算法统宗》）17卷。其后6年（1598），又对该书删其繁抚，揭其要领，写成《算法纂要》4卷，先后在休宁刊行。

程大位

《算法统宗》中，第1、2卷是全书所用的基本知识；第3到12卷为各种应用题解法汇编，各卷基本上以《九章算术》的章名为标题；第13卷到16卷为"难题"，其实算法都很简单，只是条件用诗歌表达；比较隐晦；第17卷为"杂法"。书中各类问题都用珠算，程大位所使用的一套简明顺口的珠算加减乘除口诀及开方方法，一直沿用至今。该书系统总结了我国的珠算法，成为一部比较完备的珠算书。它的成书及广泛流传，标志着我国数学史上由筹算向珠算转化的完成，程大位本人也因此被誉为"珠算一代宗师"。

明末思想家徐光启曾指出，明代数学落后的原因有两个，一个是"名理之儒士苴天下之实事"，另一个是"妖妄之术谬言数有神理"。程大位作为数学家，却与那些"名理之儒"的观点不同，他十分重视实事，重视数学的应用。他的《算法统宗》之，所以能"风行宇内"，使"海内握算持筹之士，莫不家藏一编"，是与它的实用性分不开的。

（一）重视数学应用

程大位认为数学有广泛的用处，他说："远而天地之高广，近而山川之浩衍；大而朝廷军国之需，小而民生日用之费，皆莫能外。"吴继绶在《算法统宗》序中也引用过他说的话："多算胜少算不胜而况于无算乎？"在程大位看来，数学是社会也是人生不可缺少的。他在《算法统宗》中开宗明义，以诗歌形式写道："世间六艺任纷纭，算乃人之根本；知书不知算法，如临暗室昏昏。"这与当时的理学家们反对经世致用的学问和轻视数学的态度形成了鲜明对照。当时盛行的八股取士制，是"以四书五经命题，八股文章取士"的，它引导知识分子远离自然科学，严重束缚了知识分子的思想。许多读书人为了功名，埋头于儒家经典，只会奢谈三纲五常之类的封建伦理，哪里还顾得上数学和其他有实用价值的科学技术呢？程大位却能突破儒家思想的束缚，中年以后全力写作《算法统宗》，以解决当时社会急需的实际问题，这种精神是十分可贵的。

不仅如此，程大位还敢于针对时弊，秉笔直书、从数学的角度揭露了贪官污吏对人民的愚弄。卷三的"亩法论"便表现了这种思想，文中说："万历九年遵诏清丈，敝邑（休宁）总书擅变亩法，田分四等，上则一百九十步，中则二百二十步，下则二百六十步，下下则三百步。……与前贤二百四十步一亩大相缪皮，借曰土田有肥硗，征役有轻重，亦宜就土田高下。别米麦之多寡、不得轻变亩法。第总书开其弊窦，举邑业已遵行，何容置喙！姑记之此，以见作聪明乱旧章之自云。"显然，这种以"土地肥硗"和"征役轻重"来确定田亩单位的作法是十分荒唐的。其目的无非是浑水摸鱼，敲诈百姓。这段话的字里行间，流露出一位正直数学家对人民的深切同情。

综观《算法统宗》全书，作者是十分重视数学应用的。595道题中，绝大部分是密切结合人民生活的应用问题。开方、勾股等方面有些纯数学问题，也是为应用题作准备的。在应用问题中，包括田亩测量、交通运输、物资分配、容积计算、税收贸易、工程技术等。题目分类基本上沿袭《九章算术》，但在体例上与《九章算术》有一点明显的不同，就是首先列举了学习全书所需的基本知识，包括算法提纲、大数、小数、度量衡、田亩测量制、珠算定位法、珠算四则运算口诀等。这就使该书不仅内容丰富，而且便于自学，成为一本良好的数学入门书。

（二）改进珠算法

《算法统宗》的另一特点是大部分题采用珠算，这也体现厂作者着眼于应用的精神。珠算盘是一种构造简单、价格低廉、容易携带的计算工具。珠算与筹算相比，运算更为方便、迅速。但当时的珠算方法还不够完善，有的口诀也不够顺畅，于是程大位便花大力气改进珠算法及珠算口诀。他为了区别乘除法口诀，在卷一明确规定："九九合数"

应"呼小数在上，大数在下"，"九归歌"应"呼大数在上，小数在下"。例如"六八四十八"是乘法口诀，"八六七十四"是除法口诀。书中记载着完整的撞归口诀，如"一归，见一无除作九一，起一下还一"；"二归，见二无除作九二，起一下还二"，等等。第六、七卷中，程大位还给出珠算开平、立方的方法。虽不能肯定这是他的发明，但该书确是最早记载这种方法的古算书之一。（成书稍早于《算法统宗》而出版稍晚的朱载培《算学新说》中也有珠算开平、立方法。）书中的珠算定位法则应归功于程大位，因为当时流行的珠算书中都未提到。吴敬的《九章算法比类大全》中虽有定位法，但他是用于筹算。首次完整地叙述珠算定位法的是《算法统宗》中的"定位总歌"：

数家定位法为奇，因乘俱向下位推。

加减只需认本位，归与归除上位施。

法多原实逆上数，法前得零顺下宜。

法少原实降下数，法前得零逆上知。

程大位十分重视珠算口诀，他认为口诀是学珠算、用珠算的基础，一定要记熟。他反复强调："一要熟读九歌，二要诵归除歌法""学算之人须努力，先将九数时时习。"

（三）补充面积公式

在用珠算法解决的各种实际问题中，特别引人注目的是面积问题。对于广大农村来说，田亩测量是不可缺少的，所以程大位十分重视面积问题。在《算法统宗》卷三"方田"中，他结合田亩测量总结出大量面积公式，并编成歌谣，给出图形。这一卷所绘图形 60 余种，其中比较基本的有十几种，其他都是由这些图形割补而成的。这十几种图形中，一些是《九章算术》中已有公式的，如方田（正方形）、直田（矩形）、圭田（三角形）、邪田（梯形）、圆田（圆形）、弧田（弓形）等，另一些图形则是《九章算术》中没有的，程大位分别给出公式。例如梭形田（菱形）面积公式为：$S = \frac{1}{2}a \cdot b$（其中 a、b 为对角线）。

眉形田（两相交圆的公共部分）面积公式为：$S = \frac{h}{4}(l_1 + l_2)$ 。

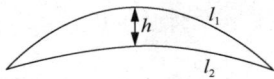

眉形田

后者是一个近似公式。对于榄形田、牛角田等不同形状的田地，程大位分别总结出便于应用的计算公式。对于较复杂的图形，程大位则采用"截法"将其分为几个简单的图形来计算。例如，他将四不等田截成两个直角三角形及一个矩形，将三广田截成两个梯形，等等。即使是《九章算术》中原有的图形，程大位也注意从实际应用出发，总结

出更加简便的公式。他给出求等边三角形面积的近似公式：$S = \frac{3}{7}a^2$（其中 a 为边长），
又给出对角线为 a，两邻边之和为 b 的矩形面积公式：

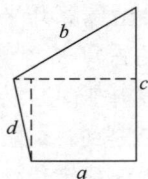
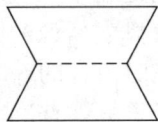

榄形田　　　　　牛角田　　　　　　四不等田　　　　　三广田

$$S = \frac{b^2 - a^2}{2}$$

后者显然是一个精确公式。在题设条件下，用此公式求面积比先列出二次方程来求边长的方法简便得多。

对于计算结果，程大位既要求尽可能准确，又主张根据具体情况适可而止。例如《五曹算经》中的"四不等田"面积公式为：

$$S = \frac{a+b}{2} \times \frac{c+d}{2}$$

其误差随形而定。越接近矩形越准确，反之误差就越大。程大位不用旧法而创立"截法"，就是为了计算结果的准确。他说："遇歪斜不等，必有斜步，岂可作正步相乘?若截之，庶无误矣。"对于更加复杂的图形，只用"截法"还不行，程大位便采用"截盈补虚"的方法，他说："田之形状甚多，具载难尽，学者不必执泥，在于临场机变，必须截盈补虚，卑尖减大，以合规式。但田中央先取出方、直、勾股、圭、梭等形，另积旁余，并而于一，然后用法乘除之，用少广章开方等法还原，始为精密之术焉。"但他对准确性的要求是有限度的，因为他着眼于应用。他指出："世之习算者，咸以方五斜七、围三径一为准，殊不知方五则斜七有奇，径一则围三有奇"，可见他知道有更准确的比值，但他认为不一定使用，因为："数多则散漫难收"，即精确的数据位数多，计算起采太复杂，这在实际应用中往往是没有必要的。

（四）创造丈量步车

为了适应当时测量田亩的需要，程大位还创造了一种丈量步车，在《算法统宗》中绘有图形并有详细解说；这种测量工具类似于现在的卷尺，由环、十字架、转轴、锁、钻角及缠在十字架内的竹尺（薄竹片制成的尺）构成，如下图。这在当时是一种很先进的测量工具。程大位对自己的发明十分得意，在图边自题："宾渠制造心机巧，隶首传来数学精。"

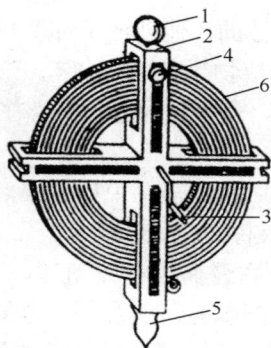

丈量步车

1. 环；2. 十字架；3. 转轴；4. 锁；5. 钻角；6. 竹尺

第五节　将几何传入中国的翻译家

李善兰，中国清代数学家、天文学家、翻译家和教育家，近代科学的先驱者。原名心兰，字竞芳，号秋纫，别号壬叔，浙江海宁县硖石镇人，生于嘉庆十六年，卒于光绪八年。

李善兰自幼酷爱数学。十岁时学习《九章算术》。十五岁时读明末徐光启、利玛窦合译的欧几里得《几何原本》前六卷，尽解其意。

后来，他到杭州应试，买回元代李冶的《测圆海镜》、清代戴震（1724—1777）的《勾股割圆记》等算书，认真研读；又在嘉兴等地与数学家顾观光（1799—1862）、张文虎（1808—1888）、汪曰桢（1813—1881）以及戴煦、罗士琳（1774—1853）、徐有壬（1800—1860）等人相识，经常在学术上相互切磋。

自此数学造诣日臻精深，时有心得，辄复著书，1845年前后就得到并发表了具有解析几何思想和微积分方法的数学研究成果——"尖锥术"。

1852—1859年，李善兰在上海墨海书馆与英国传教士、汉学家伟烈亚力等人合作翻译出版了《几何原本》后九卷，以及《代数学》《代微积拾级》《谈天》《重学》《圆锥曲线说》《植物学》等西方近代科学著作，又译《奈端数理》（即牛顿《自然哲学的数学原理》）四册（未刊），这是解析几何、微积分、哥白尼日心说、牛顿力学、近代植物学传入中国的开端。

11

　　李善兰的翻译工作是有独创性的，他创译了许多科学名词，如"代数""函数""方程式""微分""积分""级数""植物""细胞"等，匠心独运，切贴恰当，不仅在中国流传，而且东渡日本，沿用至今。李善兰为近代科学在中国的传播和发展作出了开创性的贡献。

　　1860年起，他先后在徐有壬、曾国藩军中作幕僚，与化学家徐寿、数学家华蘅芳等人一起，积极参与洋务运动中的科技学术活动。

　　1867年，他在南京出版《则古昔斋算学》，汇集了二十多年来在数学、天文学和弹道学等方面的著作，计有《方圆阐幽》《弧矢启秘》《对数探源》《垛积比类》《四元解》《麟德术解》《椭圆正术解》《椭圆新术》《椭圆拾遗》《火器真诀》《对数尖锥变法释》《级数回求》和《天算或问》等13种24卷，共约15万字。

　　1868年，李善兰被荐任北京同文馆天文算学总教习，直至1882年他逝世为止，从事数学教育十余年，其间审定了《同文馆算学课艺》《同文馆珠算金踌针》等数学教材，培养了一大批数学人才，是中国近代数学教育的鼻祖。

　　李善兰生性落拓，潜心科学，淡于利禄。晚年官至三品，授户部正郎、广东司行走、总理各国事务衙门章京等职，但他从来没有离开过同文馆教学岗位，也没有中断过科学研究特别是数学研究工作。

　　他的数学著作，除《则古昔斋算学》外，尚有《考数根法》《粟布演草》《测圆海镜解》《九容图表》，而未刊行者，有《造整数勾股级数法》《开方古义》《群经算学考》《代数难题解》等。

　　李善兰在数学研究方面的成就，主要有尖锥术、垛积术和素数论三项。尖锥术理论主要见于《方圆阐幽》《弧矢启秘》《对数探源》三种著作，成书年代约为1845年，当时解析几何与微积分学尚未传入中国。

　　李善兰创立的"尖锥"概念，是一种处理代数问题的几何模型，他对"尖锥曲线"的描述实质上相当于给出了直线、抛物线、立方抛物线等方程.

　　他创造的"尖锥求积术"相当于幂函数的定积分公式和逐项积分法则。他用"分离元数法"独立地得出了二项平方根的幂级数展开式，结合"尖锥求积术"，得到了无穷级数表达式和各种三角函数和反三角函数的展开式，以及对数函数的展开式。

　　在使用微积分方法处理数学问题方面取得了创造性的成就。

　　垛积术理论主要见于《垛积比类》，写于1859—1867年，这是有关高阶等差级数的著作。李善兰从研究中国传统的垛积问题入手，获得了一些相当于现代组合数学中的成果。例如，"三角垛有积求高开方廉隅表"和"乘方垛各廉表"实质上就是组合数学中著名的第一种斯特林数和欧拉数。

　　自20世纪30年代以来，受到国际数学界的普遍关注和赞赏。可以认为，《垛积比类》是早期组合论的杰作。

　　在中国近代史上，李善兰以卓越的数学研究引人瞩目。善兰数学造诣颇深，"其精到之处自谓不让西人，抑且近代罕匹"。他编辑刊刻的《则古昔斋算学》中包括数学著作 13 种，李善兰早期研究的数学课题，主要是我国明清以来的传统数学。比较突出的是他对"尖锥术"的独立研究。他在中国传统数学垛积术的极限方法基础上，发明了尖锥术，创立了各种三角函数和对数函数的幂级数展开式，以及几个重要积分公式的雏形，李善兰在创造"尖锥术"的时候，还没有接触到微积分，但他实际上具有解析几何思想和微积分思想，"则以一端，即可闻名于世"。由此可见，即使没有西方传入的微积分，中国数学也将回通过自己的特殊途径，运用独特的思想方式达到微积分，从而完成由初等数学到高等数学的转变。

第六节　微分几何之父——陈省身

陈省身，1911 年 10 月 28 日生于浙江嘉兴秀水县，美籍华裔数学大师。 陈省身是 20 世纪重要的微分几何学家，被誉为"微分几何之父"。早在 40 年代，陈省身他结合微分几何与拓扑学的方法，完成了两项划时代的重要工作：高斯-博内-陈定理和 Hermitian 流形的示性类理论，为大范围微分几何提供了不可缺少的工具。这些概念和工具，已远远超过微分几何与拓扑学的范围，成为整个现代数学中的重要组成部分。

陈省身，20 世纪世界级的几何学家。少年时代即显露数学才华，在其数学生涯中，几经抉择，努力攀登，终成辉煌。他在整体微分几何上的卓越贡献，影响了整个数学的发展，被杨振宁誉为继欧几里得、高斯、黎曼、嘉当之后又一里程碑式的人物。曾先后主持、创办了三大数学研究所，造就了一批世界知名的数学家。晚年情系故园，每年回天津南开大学数学研究所主持工作，培育新人，只为实现心中的一个梦想：使中国成为 21 世纪的数学大国。

陈省身从小就非常聪明，他对于数学具有天然的痴情，每考数学则"必是王牌"的他似乎正是为数学而生的。他只上过一天小学。8 岁那年，陈省身才去浙江秀水县城今嘉兴市里的县立小学上学。可那天下午放学时，不知什么缘故，老师却用戒尺挨个打学生的手心。陈省身虽然因为老实没挨打，可这件事却对他刺激太大，从此便不肯再迈进小学校门一步。第二年他考入中学，4 年中学之后，于 15 岁考入南开大学理学院本科。

在大学里，陈省身先生作出了他一生最重要的选择，那就是主修数学。本科结束后，十九岁的陈省身以优异的成绩考入清华大学读硕士。因为清华还没有开微分几何课程，所以，陈省身在清华期间并未真正开始接触这门课。但是，他从别处了解到微分几何学，并对微分几何充满了向往。他曾这样形容自己对当时在清华的心情："那时候的心情，是远望着一座美丽的高山，还不知如何可以攀登。"后来，一次偶然的机会，陈省身听到德国汉堡大学数学家 W.布拉施克的"微分几何的拓扑问题"，从此决定去汉堡读书。

当时的许多留学生更愿意去美国，但陈省身认为，读数学必须去德国。这是他又一次主动地选择。在他的坚持和前辈的帮助下，最后终于如愿以偿。

汉堡道路的选择使他有幸接触了布拉施克、凯勒、嘉当等世界最伟大的数学家的思想和学术。在汉堡大学开设嘉当—凯勒定理讨论班时，一开始几乎所有的人都来了，但因为艰涩难懂，最后只剩下陈省身一个人，就在那时他懂得了嘉当的魅力。

回国之后，陈省身在一篇文章写了一个故事：有一次他和夫人去参观罗汉塔，看着看着突发感慨："无论数学做得怎样好，顶多是做个罗汉。菩萨大家都知道他的名字，罗汉谁也不知道那个是哪个人。所以不要把名利看得太重。"他认为数学的菩萨是黎曼和庞加莱。黎曼不断地开拓了数学的空间，庞加莱把数学的平面和空间推广到了 N 维，因为有了这两位，其他人的工作只能是"罗汉"。

陈省身做学问从来不赶最时髦，不抢热门，名利从来不是他的追求。"我读数学没有什么雄心，我只是想懂得数学，如果一个人的目的是名利，数学不是一条捷径。"陈省身说过，数学有很多简单而困难的问题。这些问题使人废寝忘食，多年或经年不决，一旦发现了光明，其快乐是不可形容的。"这是一片安静的天地，没有大奖，也是一个平等的世界。"

晚年的陈省身先生除继续他最心爱的数学研究以外，他还经常看望一些青少年孩子，勉励孩子们要刻苦读书，为祖国的繁荣作贡献。每次与青少年交谈，陈省身先生都会提到"专一"二字，他说过这样一句话："只有专一才能将一件事情做好，做彻底！专一是什么意思呢？专一就是一生只做一件事……一生只做一件事情哪有做不好的？这样做最能出成绩。"

一生只做一件事，可以说，陈省身先生本身就是这样一个人，他终其一生奋斗在数学的王国里，取得辉煌的成就，他也用自己的一生诠释了专一成就辉煌这一成功学理论。

第七节　中国数学之王

苏步青（1902 年 9 月 23 日—2003 年 3 月 17 日），浙江温州平阳人，被誉为"东方国度上灿烂的数学明星""东方第一几何学家""数学之王"。从 1927 年起在国内外发表数学论文 160 余篇，出版了 10 多部专著，他创立了国际公认的浙江大学微分几何学学派；他对"K 展空间"几何学和射影曲线的研究。苏步青主要从事微分几何学和计算几何学等方面的研究，在仿射微分几何学和射影微分几何学研究方面取得出色成果，在一般空间微分几何学、高维空间共轭理论、几何外形设计、计算机辅助几何设计等方面取得突出成就。

1902 年 9 月，苏步青出生在浙江省平阳县的一个山村里。虽然家境清贫，可他父母省吃俭用，拼死拼活也要供他上学。他在读初中时，对数学并不感兴趣，觉得数学太简单，一学就懂。可是，后来的一堂数学课影响了他一生的道路。

那是苏步青上初三时，他就读浙江省六十中来了一位刚从东京留学归来的教数学课的杨老师。第一堂课杨老师没有讲数学，而是讲故事。他说："当今世界，弱肉强食，世界列强依仗船坚炮利，都想蚕食瓜分中国。中华亡国灭种的危险迫在眉睫，振兴科学，发展实业，救亡图存，在此一举。'天下兴亡，匹夫有责'，在座的每一位同学都有责任。"他旁征博引，讲述了数学在现代科学技术发展中的巨大作用。这堂课的最后一句话是："为了救亡图存，必须振兴科学。数学是科学的开路先锋，为了发展科学，必须学好数学。"苏步青一生不知听过多少堂课，但这一堂课使他终生难忘。

杨老师的课深深地打动了他，给他的思想注入了新的兴奋剂。读书，不仅为了摆脱个人困境，而是要拯救中国广大的苦难民众；读书，不仅是为了个人找出路，而是为中华民族求新生。当天晚上，苏步青辗转反侧，彻夜难眠。在杨老师的影响下，苏步青的兴趣从文学转向了数学，并从此立下了"读书不忘救国，救国不忘读书"的座右铭。一迷上数学，不管是酷暑隆冬，霜晨雪夜，苏步青只知道读书、思考、解题、演算，4 年中演算了上万道数学习题。现在温州一中（即当时省立十中）还珍藏着苏步青一本几何练习簿，用毛笔书写，工工整整。中学毕业时，苏步青门门功课都在 90 分以上。

17 岁时，苏步青赴日留学，并以第一名的成绩考取东京高等工业学校，在那里他如饥似渴地学习着。为国争光的信念驱使苏步青较早地进入了数学的研究领域，在完成学业的同时，写了 30 多篇论文，在微分几何方面取得令人瞩目的成果，并于 1931 年获得理学博士学位。获得博士之前，苏步青已在日本帝国大学数学系当讲师，正当日本一个大学准备聘他去任待遇优厚的副教授时，苏步青却决定回国，回到抚育他成长的祖国任教。回到浙大任教授的苏步青，生活十分艰苦。面对困境，苏步青的回答是："吃苦算得了什么，我甘心情愿，因为我选择了一条正确的道路，这是一条爱国的光明之路啊！"

苏步青用 11 年时间将浙大数学系建成李约瑟教授口中的"东方剑桥"，在几何领域，苏步青取得的成就更是令世界惊叹，国际公认的中国微分几何学派在苏步青手中诞生。

苏步青培养的数学人才，很快在自然科学领域开枝散叶。在 1931 年到 1952 年近 20 年时间里，苏步青在极其艰难的条件下培养了 100 名学生，其中有 25 人在国内各大高校任职，光院士就有 8 人，不乏谷超豪、胡和生和李大潜等当代中国科学的擎天巨匠。

作为中国现代数学研究的重要开拓者，苏步青用一生证明的科学报国、淡泊名利、严谨治学、开拓创新等"步青精神"被传颂至今。

苏步青在 2003 年与世长辞，享年 101 岁。从那之后，中国数学界都显得格外暗淡。作为基础科学的基础，中国数学还有很大的发展空间，但像苏步青这样的数学家，何时才会出现？

第八节　三十八号不在，数学家陈景润理发难

陈景润，1933 年 5 月 22 日生于福建福州，著名数学家。他在数学领域里的研究硕果累累。他写成的论文《典型域上的多元复变函数论》于 1957 年 1 月获国家发明一等奖；1957 年出版《数论导引》；1959 年莱比锡首先用德文出版了《指数和的估计及其在数论中的应用》；1963 年《典型群》一书出版。他发起创建了计算机技术研究所，也是中国最早主张研制电子计算机的科学家之一。经过 10 多年的推算，在 1965 年 5 月，发表了他的论文《表达偶数表示一个素数及一个不超过 2 个素数的乘积之和》（即著名的 1+2）。论文的发表，受到世界数学界和著名数学家的高度重视和称赞。英国数学家哈伯斯坦和德国数学家黎希特把陈景润的论文写进数学书中，称为"陈氏定理"。

数学大师韦伊曾这样称赞他："陈景润先生做的每一项工作，都好像是在喜马拉雅山山巅上行走，危险，但是一旦成功，必定影响世人。"他的事迹曾经家喻户晓，特别是他在非常艰苦的环境下，持之以恒、潜心钻研、勇于攻关的精神，激励千千万万中国青年走上了攀登科学高峰的道路。

陈景润痴迷于学习研究，常常忘了时间，忘了身在何处，而做出一些怪事来。

"三十八号，三十八号理发了！"理发师已经不记得今天是多少次吆喝这个号码了，但却记得那个一头乱蓬蓬长发的怪人。他真怪，有点心不在焉，口袋里还兜着一本书。怪人拿了理发牌后，就迫不及待地看起书来，一会儿就离开了，到太阳快下山了还不见回。

"天马上就黑了，还没有来。难道他不理发了？"不知道为什么，对这个怪人，理发师充满了好奇，没有等到他的"大驾光临"，隐隐地竟然有点失落。如果他知道这个怪人的真实身份，一定会更加失落。那个有点邋遢的、长发一点也不飘逸的"三十八号"，是我国伟大的数学家，"哥德巴赫猜想第一人"——陈景润！

特意来理发的陈景润，人在何方？

这一天，陈景润想起朋友的嘱咐，觉得的确应该把那乱糟糟的头发改造改造了，免得有人误认为他是一姑娘家。头发留到如许长，不是因为他陈景润懒，而是因为，理发在他看来太浪费时间。攒长了，一次解决，毕其功于一役，岂不赚下一大笔时间？这就是陈景润的如意算盘。当他来到理发店，里面已经坐满了人，轮到三十八号的他，只怕还得好几小时。于是，陈景润拿起随身携带的书看了起来。他根本没有意识到，很多人在偷偷打量他这样一个怪人。

理发店里，电声乱耳，人声嘈杂。陈景润走出理发店，找了个安静的所在好好看书。突然，他想起在家的时候遇到了好几个问题没有弄懂，不如合理利用这段等待的时间，

去一趟图书馆，也许能解答心中的疑惑。他看了看手表，十二点半，时间还早。他想："我先看看书，然后回来理发一定赶得及。"于是，急匆匆向图书馆走去。谁知，一进入知识的海洋，他就舍不得上岸。在他忘我的阅读中，时间流逝得如此之快，理发的人换了一拨又一拨，"三十八号"被喊了一回又一回。

"口袋有个什么东西？"当陈景润碰到口袋里的理发牌时，才意识到还没有理发，抬头望去，日已西斜。陈景润连忙朝馆外走去。走着走着，很偶然的，目光扫到一本他早就想阅读的一本书。"太好了！太好了！"陈景润激动不已，不由自主拿起了书，找了一个偏僻的角落，又如痴如醉的阅读了起来。陈景润再度跳出了时间，进入了物我两忘的世界。

图书馆闭馆的铃声他听不见，管理员的大喊他也没有听见，锁门的声音当然也没有听见。天黑了，书本上的字越来越难以辨认，陈景润却以为是天阴了下来，拉亮电灯，再看。不知过了多久，坐在地上的陈景润暴然起身，他听到腹中雷鸣，觉得又饿又累。四周一片寂静，室外万家灯火，天已经很黑了。

可是，馆门已紧锁，如何是好？陈景润并不心急，出不去了，索性看书，就这样，陈景润在图书馆看了一宿的书。第二天，工作人员发现了这个怪人，得知他是陈景润后，连连道歉。陈景润却说："没什么，昨天晚上我又发现了几个解决问题的办法。该道歉的是我，违反了图书馆得规定。"

这就是陈景润，和所有伟大的科学家一样，用有限的生命来探求宇宙中无穷的秘密，穷其一生都在和时间赛跑。

第九节　工作到生命最后一刻

华罗庚（1910.11.12—1985.6.12），出生于江苏常州金坛区，著名数学家。华罗庚早年的研究领域是解析数论，他在解析数论方面的成就尤其广为人知，国际颇具盛名的"中国解析数论学派"即华罗庚开创的学派，该学派对于质数分布问题与哥德巴赫猜想做出了许多重大贡献。华罗庚也是中国解析数论、矩阵几何学、典型群、自守函数论等多方面研究的创始人和开拓者。华罗庚在多复变函数论，典型群方面的研究领先西方数学界10多年，是国际上有名的"典型群中国学派"。开创中国数学学派，并带领达到世界一流水平。培养出众多优秀青年，如王元、陈景润、万哲先、陆启铿、龚升等。

华罗庚出生在一个开杂货店的家庭，从小体弱多病，但他凭借自己一股坚强的毅力和崇高的追求，终于成为一代数学宗师。

少年时期的华罗庚就特别爱好数学，但数学成绩并不突出。19岁那年，一篇出色的文章惊动了当时著名的数学家熊庆来。从此在熊庆来先生的引导下，走上了研究数学的道路。晚年为了国家经济建设，把纯粹数学推广应用到工农业生产中，为祖国建设事业奋斗终生!华爷爷悉心栽培年轻一代，让青年数学家茁壮成长，使他们脱颖而出，工作之余还不忘给青年朋友写一些科普读物。下面就是华罗庚爷爷曾经介绍给同学们的一个有趣的数学游戏:有位老师，想辨别他的 3 个学生谁更聪明。他采用如下的方法:事先准备好 3 顶白帽子，2 顶黑帽子，让他们看到，然后，叫他们闭上眼睛，分别给戴上帽子，藏起剩下的 2 顶帽子，最后，叫他们睁开眼，看着别人的帽子，说出自己所戴帽子的颜色。

3 个学生互相看了看，都踌躇了一会，并异口同声地说出自己戴的是白帽子。

聪明的同学，想想看，他们是怎么知道帽子颜色的呢?为了解决上面的问题，我们先考虑"2 人 1 顶黑帽，2 顶白帽"问题。因为，黑帽只有 1 顶，我戴了，对方立刻会说自己戴的是白帽。但他踌躇了一会，可见我戴的是白帽。

这样，"3 人 2 顶黑帽，3 顶白帽"的问题也就容易解决了。假设我戴的是黑帽子，则他们 2 人就变成"2 人 1 顶黑帽，2 顶白帽"问题，他们可以立刻回答出来，但他们都踌躇了一会，这就说明，我戴的是白帽子，3 人经过同样的思考，于是，都推出自己戴的是白帽子。看到这里，同学们可能会拍手称妙吧。后来，华爷爷还将原来的问题复杂化，"n 个人，$n-1$ 顶黑帽子，若干（不少于 n）顶白帽子"的问题怎样解决呢?运用同样的方法，便可迎刃而解。他并告诫我们:复杂的问题要善于"退"，足够地"退"，"退"到最原始而不失去重要性的地方，是学好数学的一个诀窍。

华罗庚常说"最大希望就是工作到生命的最后一刻"，1975 年他因推广优选法、统筹法积劳成疾，第一次患心肌梗死，病情稳定后又要继续"到处跑、搞统筹优选"，妻子吴筱元担心他身体不让走，两人吵得很厉害，据长子华俊东在央视纪录片《华罗庚》中回忆，父亲当时说:"我不希望死在家里的病床上，要死在工作岗位上"。

1985 年，日本亚洲文化交流协会邀请华罗庚访问，虽然刚出院，但是华罗庚希望了解日本把数学方法和定量分析方法用在经济管理和经济决策的经验，以促进我国应用数学和经济的快速发展，于是决定带队前往。

6 月 8 日是周末，日方特别安排华老一行到箱根去休息。箱根是日本著名的风景区，他们住在景色如画的小涌园。此时，华老却沉浸在思索向日本数学界讲演的内容之中。从踏入数学园地近 60 年的生涯中，他在国内外的讲坛上作过数不清的讲演，而每一次讲演他总是全神贯注、全力以赴，加上左腿的残疾，演讲完毕总是汗水淋漓，精疲力竭。如今，箱根的美景和名胜对他已无吸引力，他正在全力准备他的演讲内容。

6 月 9 日回到东京，住新大谷饭店。10 日华老动手写讲演提纲。因为手颤，只写了个草稿，请助手誊写清楚。

6 月 11 日，华老多次翻阅助手为他誊写的提纲，翻阅日本学士院院士名单，准备给每一位院士送一本他的科普著作选集，他不停地工作、说话、思考，兴奋得难以入睡，晚上服了 3 片安眠药，直到凌晨 2 时才合上了眼。

6 月 12 日下午，在日本数学会会长小松彦三郎致欢迎辞后，华罗庚在掌声中走上讲台，于 4 点 12 分开始演讲。先是用中文讲，再由会场配备的日文翻译译成日语。由于专业术语翻译比较困难，效果不是很理想；华罗庚为了更好地表述所讲内容，在征求现场听众意见后，改用英文直接演讲。之后的演讲行云流水、效果更好，但也意味着华罗庚无法利用原有的翻译间隙时间稍做休息了。

演讲过程中，"听众反应热烈"，讲到兴奋之处的华罗庚或许有点热，"西装也脱了""领带也解开了""拿着拐棍当教鞭，激情澎湃"。5 点时，华罗庚看了一下表，原定的45 分钟演讲时间已经到了，他主动向会议主席和听众说："演讲规定的时间已过，我还可以延长几分钟吗？"主席点头同意，听众热烈鼓掌，于是，这次演讲一直持续了 65分钟。

而这次精彩的演讲却成为先生生命最后的演讲，他在演讲台上倒下了，中国数学界的一颗陨石坠落。

第十节　既是千里马又是伯乐——熊庆来

熊庆来是我国著名数学家、教育家、现代数学的耕耘者，为我国数学教学和研究作了许多开创性的工作，不愧为数学界的一代宗师。

熊庆来，字迪之，清代光绪十七年（公元 1891 年）出生于云南省弥勒县息宰村。他自幼养成勤奋好学的良好习惯，再加上非凡的记忆力与天才的语言接受能力，常令教育过他的中外教师惊叹不已。

1913 年，他以优异成绩考取云南教育司主持的留学比利时公费生，但因第一次世界大战爆发，只得转赴法国，在格诺大学、巴黎大学等大学攻读数学，获理科硕士学位。他用法文撰写发表了《无穷极之函数问题》等多篇论文，以其独特精辟严谨的论证获得法国数学界的交口赞誉。

1921 年，熊庆来学成归国，先后在云南甲种工业学校、东南大学（今南京大学）、南京高等师范大学、西北大学、清华大学担任教授和系主任。

他创办了中国近代史上第一个近代数学研究机构——清华大学算学研究部和东南大学、清华大学等 3 所大学的数学系，以及中国数学报。培养了华罗庚、陈省身、吴大任、庄圻泰等一批享誉国内外的知名数学家。著名物理学家钱三强、赵九章、钱伟长、彭恒五等也是熊庆来到清华大学后培养出来的学生。

这期间他潜心于学术研究与著述，编写的《高等数学分析》等 10 多种大学教材是当时第一次用中文写成的数学教科书。

熊庆来在"函数理论"领域造诣很深。1932 年，他代表中国第一次出席了瑞士苏黎世国际数学家大会，后到法国普旺加烈学院从事了两年数论的研究，获法国国家理学博士学位，成为第一个获此学位的中国人。

此间，熊庆来写成了论文《关于整函数与无穷极的亚纯函数》，该文中定义的无穷极，被数学界称为"熊氏无穷极"又称"熊氏定理"，被载入世界数学史册，奠定了他在国际数学界的地位。

作为一位学者，熊庆来自早期从事教育工作起，就把培育人才当作头等大事。对于有培养前途的穷学生他总是解囊相助。

著名的物理学家严济慈，因得到熊庆来资助才得以出国深造。为资助严济慈，当自己经济拮据时，熊庆来不惜让夫人当去自己御寒的皮大衣。

华罗庚青年时代，因家贫念完初中就无力继续上学，熊庆来在看了他发表的《论苏家驹教授的五次方程之解不能成立》论文之后，发现华罗庚是一个数学人才，立即把他请到清华大学，安排在数学系图书馆任助理员，破格任助教工作，后直接升为教授，并前往英国留学，终于把他造就成国际知名的大数学家。

熊庆来既是千里马又是伯乐，除自己在数学研究领域内攀登上科学高峰之外，还着意提携后进，让后者站在自己的肩膀上攀上另一个数学高峰，为我国数学界创建了一种识才、爱才、育才的优良传统，他的慧眼卓识是我国科学家的典范。

1937年抗日战争期间，在缪云台、龚自知、方国瑜等人的推荐下，熊庆来接受云南省主席龙云的聘请，出任云南大学校长，为云大的发展作出了巨大贡献。

当时的云大，只有3个学院，39个教授，8个讲师，302个学生，教学设备简陋，教学质量不高。熊庆来利用抗战初期各方人才大量涌入昆明的机会，广延人才，延聘了全国著名教授吴文藻、顾领刚、白寿彝、楚图南、费孝通、吴晗、赵忠尧、刘文典、张奚若、方国瑜等187名专任教授和40名兼任教授，还延聘了一些外国教授，使云大成为与西南联大同享盛名的又一处著名专家学者荟萃之地，教学质量因此跃入全国名牌大学之列，被吸收进《大英百科全书》之中。

他把云大扩充成5个学院，18个系，3个专修科，1个先修班的多学院、多学科的综合大学，学生人数达1100多人，1939年又创办了云大附中；他还不断充实图书、教学设备，使图书馆藏书达十余万册，理科各系都有比较完善的实验室和标本资料室，医学院拥有附属医院及解剖室，农学院有实验农场，数学系在东郊凤凰山建立了天文台，工学院有实习工厂，航空系有飞机3架，这在全国高校中是罕有的。

他亲自作了《云南大学校歌》，制定了"诚、正、敏、毅"的校训，要求每一个学生都要诚实、正直、聪敏又有坚毅的学习精神。在熊庆来任校长的12年里，云大各项工作井然有序，日新月异，被认为是云南大学历史上的第一个"黄金时代"。

第二章 集合奠基说严谨，逻辑思维促科技

第一节 数的发展简史

一、数的发展

人类是动物进化的产物，最初也完全没有数量的概念。在漫长的生活实践中，由于记事和分配生活用品等方面的需要，才逐渐产生了数的概念。数的概念的形成大约是在 30 万年以前。数的概念最初不论在哪个地区都是以自然数开始的，但是记数的符号却大不相同，比如石子记数、结绳记数、刻痕记数等。

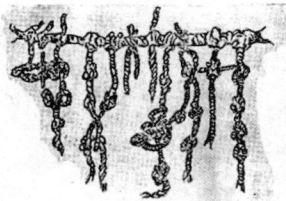

结绳记数   刻痕记数

阿拉伯数字：现世界通用的阿拉伯数字，实际是古印度人最早使用。阿拉伯人把这简便易写的十进制位值记数法传遍欧洲，逐渐演变成今天的阿拉伯数字。

分数：在土地测量、天文观测、土木建筑等测量过程中，常会发生度量不尽的情况，于是正分数应运而生。史书记载，三千多年前埃及记有关于正分数的问题。中国对分数的研究比欧洲早 1400 多年！

零：我国古代筹算中，利用"空位"表示零。公元 6 世纪，印度数学家开始用符号"0"表示零。

有理数：随着社会的发展，人们发现很多数量具有相反的意义，比如增加和减少、前进和后退。为了表示这样的量产生了负数。正整数、负整数和零，统称为整数。加上正分数和负分数，统称为有理数。

无理数：公元前 580—前 500 的希腊，希帕索斯在研究 1 与 2 的比例中项时，发现不能用整数比例写成的数表示它。人们后来又发现了很多不能用两整数之比写出来的数，如圆周率。人们把它们写成 π 等形式，称它们为无理数。

复数：有理数和无理数一起统称为实数。在实数范围内对各种数的研究使数学理

论达到了相当高深的程度。但解方程的时候常常需要开平方如果被开方数为负数，这道题还有解吗？如果没有解，那数学运算就像走在死胡同中那样处处碰壁。于是数学家们就规定用符号"i"表示"-1"的平方根，即 $i^2=-1$，虚数就这样诞生了。将实数和虚数结合，写成 $a+bi$ 的形式（a、b 均为实数），就是复数。目前虚数在水力学、地图学和航空学上已经有了广泛的应用。

最新发展：843 年英国数学家哈密尔顿提出了"四元数"的概念。它是由一个标量（实数）和一个向量（其中 x、y、z 为实数）组成的。多元数已超出了复数范畴，人们称其为超复数。由于科学技术的发展，向量、张量、矩阵、群、环、域等概念不断产生，这些概念也都应列入数字计算的范畴，但归入超复数中不合适，所以人们将复数和超复数称为狭义数，把向量、张量等概念称为广义数。尽管人们对数的归类法还有些分歧，但我们都承认数的概念还会不断发展。

二、数集

数学中一些常用的数集及其记法：

全体正整数组成的集合称为正整数集，记作 N^*，Z^+ 或 N^+；

全体负整数组成的集合称为负整数集，记作 Z^-；

全体非负整数组成的集合称为非负整数集（或自然数集），记作 N；

全体整数组成的集合称为整数集，记作 Z；

全体有理数组成的集合称为有理数集，记作 Q；

全体实数组成的集合称为实数集，记作 R；

全体虚数组成的集合称为虚数集，记作 I；

全体实数和虚数组成的复数的集合称为复数集，记作 C。

注意：+表示该数集中的元素都为正数，-表示该数集中的元素都为负数，*表示在剔除该数集的元素 0［例如，R^* 表示剔除 R 中元素 0 后的数集。即 $R^*=R\backslash\{0\}=R^-\cup R^+=(-\infty, 0)\cup(0, +\infty)$］。

三、数学史上的三次危机

数学史上的危机，指数学发展中危及整个理论体系的逻辑基础的根本矛盾。这种根本性矛盾促使了数学的大发展。

第一次数学危机：毕达哥拉斯学派主张"数"是万物的本原，宇宙中一切现象都可归结为整数或整数之比。公元前 5 世纪，学派中成员希帕索斯发现了无理数。这一发现，史称"希帕索斯悖论"，触发了第一次数学危机。

希帕索斯的发现，说明直觉和经验不一定靠得住，而推理和证明才是可靠的，这就导致了亚里士多德的逻辑体系和欧几里得几何体系的建立。

第二次数学危机：17 世纪末，牛顿和莱布尼兹创立的微积分理论在实践中取得了成功的应用。然而 1734 年，英国大主教贝克莱对当时的微积分学说进行了猛烈抨击。他说牛顿先认为无穷小量不是零，又让它等于零，这违背了背反律，并且所得到的数实际上是 0/0，是"依靠双重错误得到了虽然不科学却是正确的结果"，这是因为错误互相抵偿的缘故。在数学史上，称之为"贝克莱悖论"。这一悖论的发现，导致了数学史上的第二次危机，引起了持续 200 多年的微积分基础理论的争论。

贝克莱悖论产生的原因在于无穷小量的辨证性与数学方法的形式特性的矛盾。第二次数学危机导致了分析基础理论的严密化与集合论的创立。

第三次数学危机：经过前两次数学危机，集合论已成为整个现代数学的逻辑基础。然而英国著名数理逻辑学家和哲学家罗素认为集合论是自相矛盾的！史称"罗素悖论"，也就是"理发师悖论"。罗素悖论从根本上危及了整个数学体系的确定性和严密性，引起了数学史上的第三次危机。

产生集合论悖论的原因在于集合的辨证性与数学方法的形式特性或者形而上学的思维方法的矛盾。第三次数学危机导致了数理逻辑的发展与一批现代数学的产生。

时至今日，第三次数学危机还不能说已从根本上消除了，因为数学基础和数理逻辑的许多重要课题还未能从根本上得到解决。然而，人们正向根本解决的目标逐渐接近。可以预料，在这个过程中还将产生许多新的重要成果。

第二节　数学巨作《九章算术》

一、作品背景

《九章算术》是中国古代的数学专著，是《算经十书》（汉唐之间出现的十部古算书）中最重要的一部，成于公元一世纪左右。其作者已不可考。一般认为它是经历代各家的增补修订，而逐渐成为现今定本的。根据研究，西汉的张苍、耿寿昌曾经做过增补。最后成书最迟在东汉前期，但是其基本内容在西汉后期已经基本定型。作为一部世界数学名著，《九章算术》早在隋唐时期即已传入朝鲜、日本。它已被译成日、俄、德、法等多种文字版本。

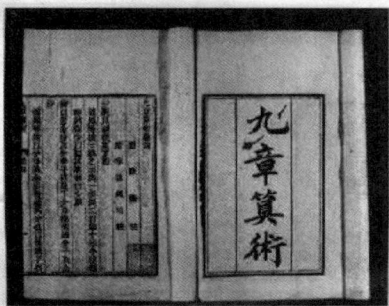

二、主要内容

《九章算术》的内容十分丰富，全书采用问题集的形式，收有 246 个与生产、生活实践有联系的应用问题，其中每道题有问（题目）、答（答案）、术（解题的步骤，但没有证明），有的是一题一术，有的是多题一术或一题多术。共收有 246 个数学问题，分为九章。它们的主要内容分别是：

第一章"方田"：主要讲述了平面几何图形面积的计算方法。包括长方形、等腰三角形、直角梯形、等腰梯形、圆形、扇形、弓形、圆环这八种图形面积的计算方法。另外还系统地讲述了分数的四则运算法则，以及求分子分母最大公约数等方法。

第二章"粟米"：谷物粮食的按比例折换；提出比例算法，称为今有术；衰分章提出比例分配法则，称为衰分术。

第三章"衰分"：比例分配问题。

第四章"少广"：已知面积、体积，反求其一边长和径长等；介绍了开平方、开立方的方法。

第五章"商功"：土石工程、体积计算；除给出了各种立体体积公式外，还有工程分配方法。

第六章"均输"：合理摊派赋税；用衰分术解决赋役的合理负担问题。今有术、衰分术及其应用方法，构成了包括今天正、反比例、比例分配、复比例、连锁比例在内的整套比例理论。西方直到 15 世纪末以后才形成类似的全套方法。

第七章"盈不足"：即双设法问题；提出了盈不足、盈适足和不足适足、两盈和两不足三种类型的盈亏问题，以及若干可以通过两次假设化为盈不足问题的一般问题的解法。这也是处于世界领先地位的成果，传到西方后，影响极大。

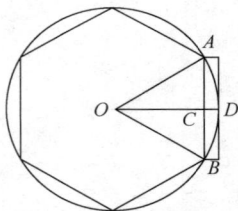
勾股定理求解

第八章"方程"：一次方程组问题；采用分离系数的方法表示线性方程组，相当于现在的矩阵；解线性方程组时使用的直除法，与矩阵的初等变换一致。这是世界上最早的完整的线性方程组的解法。在西方，直到 17 世纪才由莱布尼兹提出完整的线性方程的解法法则。这一章还引进和使用了负数，并提出了正负术——正负数的加减法则，与现今代数中法则完全相同；解线性方程组时实际还施行了正负数的乘除法。这是世界数学史上一项重大的成就，第一次突破了正数的范围，扩展了数系。外国则到 7 世纪印度的婆罗摩及多才认识负数。

第九章"勾股"：利用勾股定理求解的各种问题。其中的绝大多数内容是与当时的社会生活密切相关的。提出了勾股数问题的通解公式：若 a、b、c 分别是勾股形的勾、股、弦，则，$m>n$。在西方，毕达哥拉斯、欧几里得等仅得到了这个公式的几种特殊情况，直到 3 世纪的丢番图才取得相近的结果，这已比《九章算术》晚约 3 个世纪了。勾股章还有些内容，在西方却还是近代的事。例如勾股章最后一题给出的一组公式，在国外到 19 世纪末才由美国的数论学家迪克森得出。

三、数学成就

《九章算术》中的数学成就是多方面的。

（1）在算术方面的主要成就有分数运算、比例问题和"盈不足"算法。《九章算术》是世界上最早系统叙述了分数运算的著作，在第二、三、六章中有许多比例问题，在世界上也是比较早的。"盈不足"的算法需要给出两次假设，是一项创造，中世纪欧洲称它为"双设法"，有人认为它是由中国经中世纪阿拉伯国家传去的。

（2）《九章算术》总结了生产、生活实践中大量的几何知识，在方田、商功和勾股章中提出了很多面积、体积的计算公式和勾股定理的应用。

（3）《九章算术》中的代数内容同样很丰富，具有当时世界的先进水平。

第三节　康托尔与集合论

康托尔是 19 世纪末 20 世纪初德国伟大的数学家，集合论的创立者。是数学史上最富有想象力，最有争议的人物之一。19 世纪末他所从事的关于连续性和无穷的研究从根本上背离了数学中关于无穷的使用和解释的传统，从而引起了激烈的争论乃至严厉的谴责。然而数学的发展最终证明康托尔是正确的。他所创立的集合论被誉为 20 世纪最伟大的数学创造，集合概念大大扩充了数学的研究领域，给数学结构提供了一个基础，集合论不仅影响了现代数学，而且也深深影响了现代哲学和逻辑。

1845 年 3 月 3 日，格奥尔格·康托尔生于俄国的一个丹麦—犹太血统的家庭。1856 年康托尔和他的父母一起迁到德国的法兰克福。像许多优秀的数学家一样，他在中学阶段就表现出一种对数学的特殊敏感，并不时得出令人惊奇的结论。他的父亲力促他学工，因而康托尔在 1863 年带着这个目的进入了柏林大学。这时柏林大学正在形成一个数学教学与研究的中心。康托尔很早就向往这所由外尔斯托拉斯占据着的世界数学中心之一。所以在柏林大学，康托尔受了外尔斯特拉斯的影响而转到纯粹的数学。他在 1869 年取得在哈勒大学任教的资格，不久后就升为副教授，并在 1879 年被升为正教授。1874 年康托尔在克列勒的《数学杂志》上发表了关于无穷集合理论的第一篇革命性文章。数学史上一般认为这篇文章的发表标志着集合论的诞生。这篇文章的创造性引起人们的注意。在以后的研究中，集合论和超限数成为康托

格奥尔格·康托尔

尔研究的主流，他一直在这方面发表论文直到 1897 年，过度的思维劳累以及强烈的外界刺激曾使康托尔患了精神分裂症。这一难以消除的病根在他后来 30 多年间一直断断续续影响着他的生活。1918 年 1 月 6 日，康托尔在哈勒大学的精神病院中去世。

集合论是现代数学中重要的基础理论。它的概念和方法已经渗透到代数、拓扑和分析等许多数学分支以及物理学和质点力学等一些自然科学部门，为这些学科提供了奠基的方法，改变了这些学科的面貌。几乎可以说，如果没有集合论的观点，很难对现代数学获得一个深刻的理解。所以集合论的创立不仅对数学基础的研究有重要意义，而且对现代数学的发展也有深远的影响。

然而一开始，有些数学家拒绝将集合论当作数学的基础，认为这只是一场含有奇幻元素的游戏。埃里特·比修普驳斥集合论是"上帝的数学，应该留给上帝"。而且，路德维希·维特根斯坦特别对无限的操作有疑问，这也和策梅罗-弗兰克尔集合论有关。维特根斯坦对于数学基础的观点曾被保罗·贝奈斯所批评，且被克里斯平·赖特等人密切研究过。

对集合论最常见的反对意见来自结构主义者，他们认为数学是和计算些微相关着的，但朴素集合论却加入了非计算性的元素。

然而历史会见证真相。按现代数学观点，数学各分支的研究对象或者本身是带有某种特定结构的集合如群、环、拓扑空间，或者是可以通过集合来定义的（如自然数、实数、函数）。从这个意义上说，集合论可以说是整个现代数学的基础。

康托尔一生饱受磨难，他以及其集合论受到粗暴攻击长达十年。康托尔虽曾一度对数学失去兴趣，而转向哲学、文学，但始终不能放弃集合论。康托尔能不顾众多数学家、哲学家甚至神学家的反对，坚定地捍卫超穷集合论，与他的科学家气质和性格是分不开的。康托尔的个性形成在很大程度上受到他父亲的影响。他的父亲乔治·瓦尔德玛·康托尔是在福音派新教的影响下成长起来，是一位精明的商人，明智且有天分。他的那种深笃的宗教信仰和强烈的使命感始终带给他以勇气和信心。正是这种坚定、乐观的信念使康托尔义无反顾地走向数学家之路并真正取得了成功。

今天集合论已成为整个数学大厦的基础，康托尔也因此成为世纪之交的最伟大的数学家之一。

第四节 快来围观公务员考试中的逻辑推理题

公务员考试中集合推理又称直言命题，考察对于集合关系的理解，以及简单的集合关系的转化。以下是一些逻辑推理的经典例题。

例 1：请从所给的四个选项中，选择最合适的一个填入问号处，使之呈现一定的规

律性。（　　）

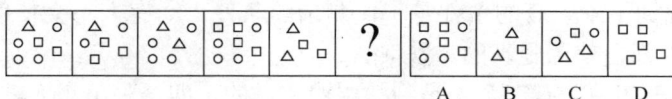

A　B　C　D

分析：C。本题属于数量类。解答该题的关键是找出方块、圆和三角的数量关系。图2与图1相比，少了2个圆，多了1个方块，假设1方块=2圆，图3与图1相比，少了2个方块，多了1个三角，假设1三角=2方块，将两个元素替换关系联立，得到1三角=2方块=4圆，通过图4、图5进行验证，假设成立，因为所有图形所代表的数量是相同的，根据元素替换关系，C项代表的数量与前面5个图相同，所以本答案是选项C。

例2：从所给的四个选项中，选择最合适的一个填入问号处，使之呈现一定的规律性。（　　）

分析：选D。横向看，如果前面2个图中的小黑点都在圆内，则第3个图中小黑点个数为前2个图小黑点数目之和；如果前面2个图中的小黑点有的在圆内，有的在圆外则第3个图中小黑点个数为前2个图小黑点个数之差。纵向看也符合这一规律。依此最后一个图中应没有小黑点。正确答案为D。

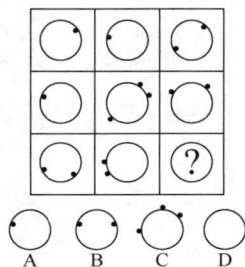

A　B　C　D

例3：某仓库失窃，四个保管员因涉嫌被传讯。四人的供述如下，甲：我们四人都没作案；乙：我们中有人作案；丙：乙和丁至少有一人没作案；丁：我没作案。　如果四人中有两人说的是真话，有两人说的是假话，则以下哪项断定成立？（　　）

　　A．说真话的是甲和丁　　　　　　B．说真话的是乙和丙
　　C．说真话的是甲和丙　　　　　　D．说真话的是乙和丁

分析：（1）四人中，两人诚实，两人说谎。（2）甲和乙的话有矛盾！可断定：甲和乙两人一个诚实一个撒谎。剩余丙、丁两人中也必然是一个诚实一个撒谎。（3）假设：丁说的是真话，那么，可推出丙说的话也真！显然，丁说真话不成立，于是推出：丁说假话，丙说真话。（4）断定了丁说假话，就推出甲说的也是假话，乙说真话。答案B。即：说真话的是乙和丙。

例4：某律师事务所共有12名工作人员。①有人会使用计算机；②有人不会使用计算机；③所长不会使用计算机。上述判断中只有一个是真的。以下哪项正确表示了该所会使用计算机的人数？（　　）

　　A．12人都会使用　　　　　　　　B．12人没人会使用
　　C．仅有一个不会使用　　　　　　D．仅有一人会使用

分析：（1）假设条件③真，那么条件②也必然真，这和题中"只有一真"矛盾。

显然③必假，即所长会使用计算机为真，那么"①有人会使用计算机"是真话。

（2）我们找到了唯一真的条件是①，剩余的条件"②有人不会使用计算机"必然假，推出：12人都会使用是真的。答案A。

例5：下派干部中，有三个人是到基层锻炼过的，四个是山东人，两个是济南人，五个是研究生学历。以上情况涉及了开现场会的所有人员，其中济南人不是研究生学历。那么开现场会的全部人数是（　　）。

    A．最少5人，最多12人　　　　　　B．最少7人，最多12人

    C．最少5人，最多14人　　　　　　D．最少7人，最多14

分析：答案为B。根据题意，用欧拉图表示：

橙色和紫色的表示位置确定，绿色和蓝色的表示位置不确定。人数最少的情况应为各个条件最大限度地相互包容。由"济南人不是研究生学历"可知，三个基层锻炼过的人可以包含在研究生内，除济南人外的两个山东人也可以包含在研究生里面，即最少人数为研究生的人数加上济南人的人数，即7人。人数最多的情况为各种情况互不包容，即基层锻炼过的人加上山东人，再加上研究生的人数，一共为12人。故选B。

第五节　万万没想到——数学悖论

按照广义的悖论定义，数学悖论指所有数学规范中发生的无法解决的矛盾，这种矛盾可以在新的数学规范中得到解决。它是一种认识矛盾，既包括逻辑矛盾、语义矛盾，也包括思想方法上的矛盾。

例1：理发师悖论（罗素悖论）

村中所有人，都在一位理发师那刮脸，这位理发师说："我只给村里所有那些不给自己刮理发的人理发！"那理发师给自己理发吗？

分析：若他给自己理发，则按照规则，他不应该给自己理发。矛盾；若他不给自己理发，则按照规则，他应该给自己理发。矛盾。

产生矛盾说明什么？只能说明，这个理发师在本村根本不存在。

理发师悖论及其变形写成集合的形式就是：

证明：

假设这样的 z 存在，则

若 $z \in C$，则 $z \notin f(x)$，∴ $z \notin C$，矛盾；

若 $z \notin C$，则 $z \in f(x)$，∴ $z \in C$，矛盾。

∴ 这样的 z 不存在。

例2：预料不到悖论（知道者悖论）

老师说，在下周的周一到周五之间的某一天将进行考试，但他同时又说："你们无法知道是哪一天，只有到了考试那天的早上八点钟才通知你们下午一点钟考。"你能说出为什么这场考试无法进行吗？

分析：因为你在前一天不会知道第二天考试，也就是说周五不可能考试，因为如果周五考，那么前四天你就不会考试，而这周必有一次考试，那么在周四你就会知道周五要考试。所以周五就不会考试。同理，周四也就不会考试，因为前三天没考试，那么就会是在周四或周五考试，而前面推过了周五不会考试，那么你在周三就会知道周四要考试了，所以也不会是在周四考试。以此类推，这一周都不会考试。

而事实情况呢，倘若我们假设老师在周三突然考试，而我们推出这周都不会考试，那么周三考试我们也自然不会提前料到，自然地在满足前提的情况下事情又发生了。这就是著名的"知道者悖论"。

例3：说谎者悖论

公元前6世纪，古希腊克里特岛人埃匹门尼德说了一句著名的话：所有的克里特岛人都说谎。他究竟是说了一句真话还是假话？

分析：如果他说的是真话，由于他也是克里特岛人之一，他也说谎，因此他说的是假话；如果他说的是假话，则有的克里特岛人不说谎，他也可能是这些不说谎的克里特岛人之一，因此他说的可能是真话。这被叫作"说谎者悖论"。

例4：聪明的囚徒

古希腊有个国王，处死囚徒总是用两种方式：砍头或绞刑。他自恃聪明地做出了这样一种规定，让囚徒自己选择死的方式：囚徒可以说一句话，并且这句话是马上可以验证其真假的。如果囚徒说的是真话，那么处以绞刑；如果囚徒说的是假话，那么处以砍头。许多囚徒或者是因为说了假话而被砍头或者因为说了真话而被处以绞刑。有一位极其聪明的囚徒，当轮到他来选择处死方法时，他说出了一句巧妙的话，结果使这个国王不管按照哪种方法处死他，都违背自己的决定，最后只得将他放了。试问：这囚徒说的是句什么话？

分析：这句话是"国王决定砍我的头"。如果国王决定砍他的头，则他说的是真话，因此按国王规定的处死方法（讲真话应处以绞刑），他应该受绞刑。这样就造成了国王的规定同国王决定的处死方法相矛盾。同样如果国王决定让受绞刑，则他说的是假话，因此按国王规定的处死方法（讲假话应砍头），他应该砍头。这样也造成了国王的规定同国王决定的处死方法相矛盾。无论如何，国王都将处于进退维谷的处境，因此只好免这个囚徒一死，将他放掉。

例5：蠕虫与橡皮绳悖论

一条蠕虫在橡皮绳的一端。橡皮绳长一公里。蠕虫以每秒1厘米的稳定速度沿橡皮绳爬行。在1秒钟之后，橡皮绳就像橡皮筋一样拉长为2公里。再过一秒钟后，它又拉长为3公里，如此下去。蠕虫最后究竟会不会达到终点呢？

分析：根据直觉蠕虫绝不能爬到终点。但实际上它爬到了。理解这个问题的关键是橡皮绳的伸长是均匀的。这意味着蠕虫随着拉伸也向前挪了。1公里有100000厘米，所以在第一秒末，蠕虫爬行了橡皮绳长度的 $\dfrac{1}{100000}$。在第二秒钟内，蠕虫又在长度为2公里的橡皮绳上爬了它的 $\dfrac{1}{200000}$，在第三秒内，它又爬了3公里长的皮筋的 $\dfrac{1}{300000}$，如此继续，蠕虫的进程表示为整条橡皮绳的分数就是：

$$\frac{1}{100000}\left(1+\frac{1}{2}+\frac{1}{3}+\frac{1}{4}+\cdots\right)。$$

括弧里的级数是人们熟悉的调和级数。这个级数是发散的，它的部分和我们要它有多大就可以有多大。只要这个和超过100000，上面的表达式就超过1。即蠕虫已经到达终点。此时调和级数中 n 就是蠕虫爬行的秒数，也是皮筋最后长度的公里数。n 的值近似等于 e^{100000}。

例6：几何学悖论——不可逃遁的点

帕特沿一小路上山。早七点动身，当晚七点到达山顶。第二天早沿同一小路下，晚七点回到山脚，遇见克莱因。克莱因："帕特，你今天下山时走过这样一个地点，你通过这点的时刻恰好与你昨天上山时通过这点的时刻完全相同。"帕特："这不可能!我走路时快时慢，有时还停下来休息。"克莱因："当你开始下山时，设想你有一个替身同时开始登山，这个替身同你昨天登山时完全相同。你和这个替身必定要相遇。我不能断定你们在哪一点相遇，但一定会有这样一点。"

分析：这个故事为拓扑学家所称的"不动点定理"提供了一个很简单的例证。其证明是个"存在性证明"，它告诉我们至少存在一个这样的点，并没告诉我们这个点在什么地方。

可以这样理解：取一个浅盒和一张纸，纸恰好盖住盒底面。此时纸上的每个点与正在它下面的盒底上的那些点配成对。把这张纸拿起来，随机地揉成一个小球，再把小球扔进盒里。拓扑学家已证明，不管小球是怎样揉成的，也不管它落在盒底的什么地方，在揉成小球的纸上至少有一个这样的点，它恰好处在它盒底原来配对点的正上方!

第六节　创造性思维之集合建模

解答有关集合的应用问题的核心是建立集合模型。现实生活中，物不知其数、汽车线路数、公元纪年法与天干地支纪年法的换算等实际问题常常可用集合知识加以解决，现举例分析如下：

例 1：今有物不知其数，三三数之剩二，五五数之剩三，七七数之余二，问物几何？

分析：这是我国古代《孙子兵法》中的"物不知其数"问题。要求的数必须同时满足三个条件：（1）以 3 除余 2；（2）以 5 除余 3；（3）以 7 除余 2。符合条件（1）的所有正整数为：2，5，8，11，14，17，20，23，26，……；符合条件（2）的所有正整数为：3，8，13，18，23，28，33，38，……；符合条件（3）的所有正整数为：2，9，16，23，30，37，44，……。所以适合题意的所有正整数为：23，128，233，……。其中最小解为 23。

从以上过程看，实质上是一种集合模型的建立。若设符合 3 个条件的所有正整数集合分别为 A_1，A_2，A_3，问题就转化为求 A_1，A_2，A_3 的交集。

例 2：某新建城市购进大批公共汽车，用以解决市内交通问题。他们计划在 1983 个不同地点建立汽车站，并通过开辟若干线路的公共汽车沟通它们。他们的愿望是：（1）尽可能多开辟一些线路；（2）每两条线路至少有一个公用的汽车站；（3）每个公共汽车站至多经过两条不同线路。问：照此愿望，他们最多可以开设多少条线路的公共汽车？每条线路至少应经过多少个车站？

分析：如果我们记 1983 个车站形成的集合为 S，再设共开辟了 k 条线路的公共汽车，并且分别以 A_1，A_2，…，A_k 记作它们所经过的车站的集合，则它们都是 S 的子集，从而 $M = \{A_1，A_2，…，A_k\}$ 是 S 的一个子集类（即由 S 的子集所组成的集合），由题意可知 M 具有性质：

$$\begin{cases} ①A_{i_1} \bigcap A_{i_2} \neq \Phi，对任何 1 \leqslant i_1 < i_2 \leqslant k \\ ②A_{i_1} \bigcap A_{i_2} \bigcap A_{i_3} \neq \Phi，对任何 1 \leqslant i_1 < i_2 < i_3 \leqslant k \end{cases}$$

也就是说，其中的每两个子集都相交，但每三个子集的交都是空集。

由上面的性质可以推知，每个子集所含的元素（即车站）数目不会少于 $k-1$ 个。这是因为，由①知每个子集都与其余 $k-1$ 个子集至少有一个公共元素，而由②知这些公共元素两两不同（不然，就会造成某三个子集之交非空）。于是这 k 个子集所含元素之和不小于 $k(k-1)$。但在这样的计算过程中，每个元素都算了两次（因为它们都同时属于两个不同子集），所以 $\bigcup\limits_{j=1}^{k} A_j$ 中的元素数目不少于 $\frac{1}{2}k(k-1)$ 个。但因 $\bigcup\limits_{j=1}^{k} A_j = S$，所以 $\frac{1}{2}k(k-1) \leqslant 1983$，即 $k(k-1) \leqslant 3966$。满足此不等式的最大整数为 $k = 63$。所以，按照该城市规划人员的愿望，至多可开设 63 条线路的公共汽车，每条线路至少应经过 $k-1=62$ 个公共汽车站。

例 3：公元纪年与天干地支纪年之间如何换算？

分析：我们现在使用的年份表示方法是公元纪年法，即以基督出生的那一年为公元元年。这种纪年方法已先后被世界各国所采用，这样可以使人类对历史时代有一个统一的认识。但是，公元纪年法毕竟是西方人制订的，我国古代的人们没有采用过这种纪年法，而是使用天干地支纪年法。现在绝大多数中国人都已不用这种纪年法，因此给研究古代典籍中的年代，带来一些困难。现在我们要来研究公元纪年与天干地支纪年之间的换算：

先来看一张更新的天干地支年份循环表（此表可看成一个集合）：

1 辛酉 2 壬戌 3 癸亥 4 甲子 5 乙丑 6 丙寅 7 丁卯 8 戊辰 9 己巳 10 庚午
11 辛未 12 壬申 13 癸酉 14 甲戌 15 乙亥 16 丙子 17 丁丑 18 戊寅 19 己卯 20 庚辰
21 辛巳 22 壬午 23 癸未 24 甲申 25 乙酉 26 丙戌 27 丁亥 28 戊子 29 己丑 30 庚寅
31 辛卯 32 壬辰 33 癸巳 34 甲午 35 乙未 36 丙申 37 丁酉 38 戊戌 39 己亥 40 庚子
41 辛丑 42 壬寅 43 癸卯 44 甲辰 45 乙巳 46 丙午 47 丁未 48 戊申 49 己酉 50 庚戌
51 辛亥 52 壬子 53 癸丑 54 甲寅 55 乙卯 56 丙辰 57 丁巳 58 戊午 59 己未 60 庚申

按照这样的顺序，每年用一对干支表示，六十年一循环，这就是干支纪年法。表中，1 号辛酉对应公元 1 年，2 号壬戌对应公元 2 年……那么，公元前的年代怎么办？实际上，公元前的年代就是公元的年代向前推，只不过没有公元 0 年，那么，可以很自然地把公元前 1 年记作"－1"。

下面我们要用到一个很重要的数学概念："剩余类"。

先看这样一个例子：把钟表的 12 个数字作为一个集合，那么以外的点数，比如说 13：00 就是指针指向 1，15：00 就是指针指向 3……

13 除以 12 余 1，15 除以 12 余 3，而由于 1 和 3 不能被 12 整除，余数便是它们本身。这样，可以按照余数的类别，将 1 和 13，3 和 15 各分为一组，一共可以分出 12 个"剩余类"，它们分别对应着除以 12 余 1、2、3、……、11、0 的数的集合。受钟点集合得出的结论启发，可以推证：将公元年份除以 60，把得出的 60 种不同余数的数字进行分类，便得到了 60 个集合，即 60 个不同的干支年所对应的公元年数的集合。

由于已把公元 1 年设为 1，于是就可以直接用公元年份除以 60，余数是几，对应的号码就是所要求的干支年份了。对于公元前的年份，由于计算所得的余数是－60 到－1 之间的负整数，又由于没有公元 0 年，所以负整数余数最终要加上 61，才能化为 60 以内的集合号。

比如公元 15 年，即表中 15 号乙亥，而公元 435 年除以 60 余 15，自然也是乙亥年。反过来，15 号乙亥年对应的公元年号是多少呢？它可以是公元 15 年、75 年（15+60×1=75）、135 年（15+60×2 =135）……，及公元前 46 年（15－60×1－1=－46）、公元前 106 年（15－60×2－1=－106）……，至于究竟是它们中的哪一年，就要靠历史学家去推算或有明显的提示。

集合模型的构建，并非仅有以上几例，但从以上几例可以看出其基本思想方法：

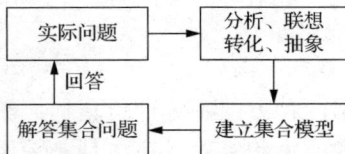

如能经常从整体上对实际问题进行抽象概括，使之转化为数学模型，则非常有利于发展创造性思维，有利于创造型人才的培养。

第七节　高职实训考核中的模糊评价

高职院校实训中的技能水平可通过实训中的"工作绩效"来衡量，然而如责任心、团队意识等，是抽象模糊难以计量的，很难用测试题进行客观的衡量。应用模糊集合论中的模糊聚类分析法，将学生综合能力和素养存在模糊性的指标按一定的特征、特定要求和规律进行分类、计算和分析，从而对实训效果进行全面、客观、科学地考核。

一、模糊集合论

模糊集合论中的模糊聚类分析法是把待考察的对象及反映它的模糊概念进行一定的模糊聚类，建立适当的隶属函数，通过模糊集合的有关运算和变换，对模糊对象进行分析。这种方法可定性与定量的确定研究对象之间的"亲疏关系"，从而达到合理分类分析的目的。

模糊集合理论应用在实训考核中的具体步骤如下：①建立评价指标体系，确定学生实训表现需要测评的特征因素。②建立评价集，即建立评价者对评价对象可能作出的各种总的评价结果组成的集合，$R=（r_1，r_2，r_3，…，r_n）$。③权重系数集 A 的确定。$A=（a_1，a_2，a_3，…，a_n）$。某种指标越重要，该指标的权重系数越大。④建立评价的等级集。$V=（v_1，v_2，v_3，…，v_n）$。把评定的各个等级人数的比率记录下来，构成等级评价表。⑤确定因素评价矩阵，即按评价人员的评定结果进行等级分配率统计确定。⑥模糊综合评价，即对数据进行处理，计算其分值，模糊综合评价指标计算形式是 $B=A·R$。⑦r_i 隶属于 i 类的程度称为隶属度 L，L 可在 0～1 取值，隶属度的数值越大说明样本隶属于该类别的程度越大。

二、模糊集合论在实训考核中的应用

（一）构建评价指标体系的原则

全面性和重点性统一原则；系统性和层次性统一的原则；注重对过程评价的原则；定性和定量统一的原则。

（二）构建评价指标体系

依据上述原则，一般可用两种方法确定评价指标：第一种是根据企业社会需求分析学生完成实训任务应具备的能力和素养；第二种是采用"专家"调查法，这里"专家"可以是被评价者的老师、教学研究员、辅导员、经验丰富的企业人员等。这两种方法可综合交替运用，从而得到实训考核评价指标体系表，如下表所示。

实训考核评价指标体系表

一级指标	权重	二级指标
品德因素	0.2	职业道德
		"工作"态度
		纪律性
		团队意识
能力因素	0.2	沟通能力
		判断能力
		组织能力
		创新能力
知识因素	0.2	专业知识
		专业英语水平
技能因素	0.2	熟练程度
		正确程度
心理因素	0.2	积极性
		乐观性
		稳定性
		客观性

（三）获取评价数据

现假设对物流专业学生的专业实训表现进行考评，评价等级分 ABCDE 五等，评价等级集为 $V=(5,4,3,2,1)$。隶属度 L 在 0～1 取值，$L=(1, 0.8, 0.6, 0.4, 0.2)$，评价等级的具体分数根据学生在实训项目 10 个环节中的不同表现分别进行评分，每个分值由教师和学生的评分综合而来。具体数据见下表。

实训考核评价指标评价数据表

一级指标	权重（A）	二级指标	权重（A_i）	评价结果（评价集 R）				
				5	4	3	2	1
品德因素	0.2	职业道德	0.25	0.5	0.2	0.1	0.1	0.1
		"工作"态度	0.25	0.4	0.2	0.2	0.1	0.1
		纪律性	0.25	0.3	0.3	0.2	0.1	0.1
		团队意识	0.25	0.5	0.2	0.1	0.1	0.1
能力因素	0.2	沟通能力	0.25	0.5	0.2	0.1	0.1	0.1
		判断能力	0.25	0.4	0.2	0.2	0.1	0.1
		组织能力	0.25	0.3	0.3	0.2	0.1	0.1
		创新能力	0.25	0.5	0.2	0.1	0.1	0.1
知识因素	0.2	专业知识	0.50	0.5	0.2	0.1	0.1	0.1
		专业英语水平	0.50	0.4	0.2	0.2	0.1	0.1
技能因素	0.2	熟练程度	0.50	0.3	0.3	0.2	0.1	0.1
		正确程度	0.50	0.4	0.2	0.2	0.1	0.1
心理因素	0.2	积极性	0.25	0.5	0.2	0.1	0.1	0.1
		乐观性	0.25	0.4	0.2	0.2	0.1	0.1
		稳定性	0.25	0.3	0.3	0.2	0.1	0.1
		客观性	0.25	0.5	0.2	0.1	0.1	0.1

（四）根据评价数据表进行模糊综合判断

以第一个评价指标"品德因素"中的"职业道德"为例，对指标模块进行分析。该学生其中 5 个环节表现优秀，位于 5 这一等级，有 2 个环节表现良好，位于 4 这一等级中，1 个环节表现一般，位于 3 这一等级中，1 个环节表现及格，位于 2 这一等级中，1 个环节表现不及格，位于 1 这一等级中。

经过计算，$L=0.751$，接近 0.8，根据 $L=$（1，0.8，0.6，0.4，0.2），表明该学生的综合评价最接近于"B"等级。再进一步仔细分析发现该学生较薄弱的环节在技能方面，优势在具备的知识方面。教师可根据上述评价结果进一步分析影响学生实训效果的因素和环节，以制定针对性的改进措施，激发学生的积极性和创造性，实现高职教育的教学目标。

第八节　临床研究的韦恩图应用

韦恩图是以英国数学家 John Venn 命名，用来展示集合关系的图形。韦恩图通常采用闭合的圆形或椭圆形曲线，代表某有限集合。边界内的元素属于该集合，边界外的元素则不属于该集合。韦恩图可显示不同集合间的逻辑关系，如交集、并集等。2 个圆或椭圆相交，其相交部分表示 2 个集合的公共元素，2 个圆或椭圆不相交，则说明这 2 个集合没有公共元素。

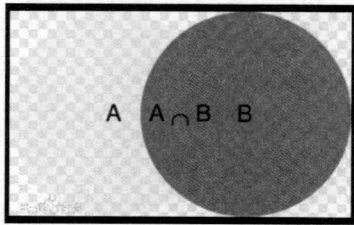

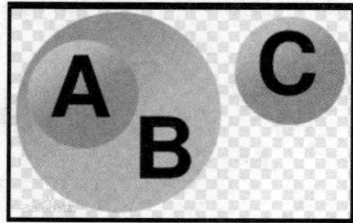

韦恩图主要用来表示集合之间的关系，而集合是指具有某种特定性质的具体的或抽象的对象汇总成的集体。临床研究中，存在很多集合的概念。例如，出现高热症状、卡他症状、脓痰的患者。可以采用圆或椭圆表示不同症状，统计各症状单独出现及并发的情况，有助于进一步发现不同症状之间的依存关系。

韦恩图在临床研究中应用较少，主要被研究者用于评价药物的安全性。不良事件是药物安全性研究中常用的评价指标，指患者或临床试验受试者接受一种药品治疗后出现的不良医学事件，但不一定与药物有因果关系。对按规定剂量正常应用药品的过程中，产生的有害的而非期望的、与药品应用有因果关系的不良事件称为药物不良反应。

新药上市以前，必须通过科学、规范、按照 GCP 要求的临床试验证实其有效性和安全性，不良事件的分析是安全性评价的重要方面，因此显得尤为重要。目前以表格为主的统计描述中，表格数量繁多难以有效传达信息。采用可视化的方法对不良事件进行分析，不仅简洁、目标指示明确，而且把可以相关的主要统计量整合在图形中，提高沟通效率，节省研发时间。如森林图、树图、火山图、韦恩图等。

目前对于不良事件的分析停留在描述不良事件的发生率和列举不良事件上，尚不能满足临床研究安全性评价的需要。一般情况下，有些患者会发生一种不良事件，而有些患者会同时发生几种不良事件。特定不良事件可认为是某集合，采用韦恩图表示不同集合之间的关系，可直观地分析不良事件之间的并发情况，有助于推断其原因。

我们可采用不同颜色的圆或椭圆表示各种不良事件，通过例数标记不良事件的发生情况，包括只发生一种不良事件及并发多种不良事件的例数。在韦恩图中，未重叠部分标记的数字表示单独发生此不良事件的患者数，重叠部分标记的数字表示合并发生这些不良事件的病例数，以此可推断不良事件的原因。目前，可通过 R 软件、JMP clinical 软件、Excel 软件等绘制韦恩图，韦恩图最高维度可达到五维，即我们可通过韦恩图探讨 5 种不同特征之间的关系。

接下来的研究数据来源于一项治疗蛛网膜下腔出血患者的随机、双盲、安慰剂对照三期临床试验，该评价药物的作用机制主要为阻滞钙通道、抑制平滑肌收缩和扩张血管。该研究共入组患者 906 例，其中药物组 449 例，安慰剂组 457 例，两组患者持续服药 14 d，随访 120 d 后观察结果。

需要重点关注的不良事件主要有 5 种，我们用韦恩图来致地分析这 5 种不良事件，其中包含通过观察不良事件的并发情况推断其发生原因。图中 5 个椭圆分别表示 5 种不良事件。5 种不良事件分别用不同的颜色表示，未重叠部分标记的数字表示单独发生此不良事件的患者数，重叠部分标记的数字表示合并发生这些不良事件的病例数。

从图中可以观察到："等渗尿"单独发生 12 例，"等渗尿"与"血管收缩"并发 19 例，"等渗尿"与"血管收缩"和"低血压"并发为 18 例，"血管收缩"与"低血压"并发的有 71 例之多，这其中的原因需要研究者结合药物作用机制进行解释。

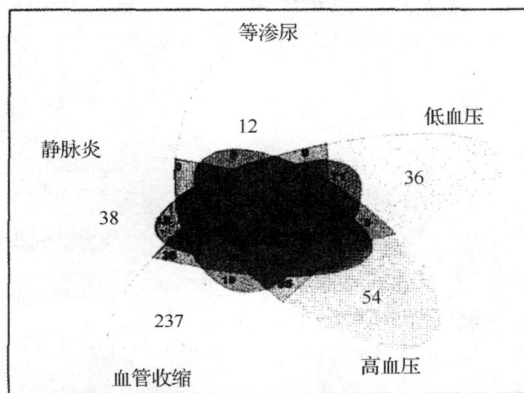

第九节　科技发展与未来展望

集合论在数据库中有广泛的应用。我们可以利用关系理论使数据库从网络型、层次型转变为关系型，这样使数据库中的数据容易表示，并且易于存储和处理，使逻辑结构简单、数据独立性强、数据共享、数据荣誉可控和操作简单。

一、集合论与计算科学

起初，集合论主要是对分析数学中的"数集"或几何学中的"点集"进行研究。但是随着科学的发展，集合论的概念已经深入到现代各个方面，成为表达各种严谨科学概念必不可少的数学语言。

数学和计算机的关系非常密切。一直到二三十年以前，计算机科学本身还是数学学科的一个分支，最早研究计算机的专家也都是数学家。在计算机进行运算的基本原理中，处处渗透着数学的各种思想。而现在，计算机科学已经深受人们的关注，成为一个独立的学术领域，这之间离不开数学理论的推动；反之，从数学的发展来看，不仅可以利用计算机解决大量人工无法实现的巨量计算问题，很多难以证明的定理还可以通过计算机完成证明。程序——作为数学与计算机之间的一座重要桥梁，在数学的发展，计算机的应用方面起着双重的推动作用。

随着计算机时代的到来，集合的元素已由传统的"数集"和"点集"拓展成包含文字、符号、图形、图表和声音等多媒体信息，构成了各种数据类型的集合。集合不仅可以用来表示数及其运算，更可以用来表示和处理非数值信息。数据的增加、删除、修改、排序以及数据间关系的描述等这些很难用传统的数值计算操作，可以很方便地用集合运算来处理。从而集合论在编译原理、开关理论、信息检索、形式语言、数据库和知识库、CAD、CAM、CAI 及 AI 等各个领域得到了广泛的应用，而且还得到了发展，如扎德（Zadeh）的模糊集理论和保拉克（Pawlak）的粗糙集理论等等。集合论的方法已经成为计算科学工作者不可缺少的数学基础知识。

二、集合论与人工智能

信息技术发展越来越迅猛，对一堆庞大的数据进行细算和处理是大数据的意义所在，各种深度算法对数据的处理能力和速度也在飞速提升。而各种智能化机器在大众生活里的迅速普及也衍生出了巨量的数据，因此在这个数据基础上建立 AI 系统也具有一定得发展意义。而之前的 AlphaGo 利用大数据系统形成一个价值网络体系从而战胜世界冠军事件就是人工智能茁壮成长的恰当体现。

在了解智能化时代发展的前景时我们需要简单地了解一下什么是 AI 和大数据。何谓大数据？一般来说就是对大量数据集合的一个统称。这里的数据是指那些在确定时间里面我们的大脑或那些一般的信息处理软件工具所不能够捕捉处理的数据结合，这些数据不能随便被管理，需要通过新的处理模式才能将这些数据所反映出来的决策价值等优点集中体现并整理为帮助社会上需要它们的人等做出决策和分析的信息资产。

以指数模式增进的数据推动着科学发展，各种新技术和算法应运而生，如果把蓬勃发展的科学技术比作茁壮成长的树苗的话，那么大数据就是让它吸取养分的丰厚土壤。大数据的特点就是规模大，种类多，产生的速度快且密度小，所以它对算法的处理能力和是否可靠要求就比较高，这样截取出来的数据时效性强也具有很大的利用价值。

说起人工智能这词，不得不提及人工智能的历史。人工智能的概念主要由 Alan Turing 提出:机器会思考吗?如果一台机器能够与人类对话而不被辨别出其机器的身份，那么这台机器具有智能的特征。

关于 AI（人工智能）通俗来说就是一门怎样表达以及获取并运用知识的科学学科。是用计算机去模拟人脑的活动规律并实施智能化工作，构造一个智能系统并参与到以往需要人动脑子才能完成的治理工作。说白了就是用机器去模拟人脑然后去做一些人类去做的事情。

因此 AI 可将这些数据作为自己本身发展提高的一个训练资源，从而达到将技术的完善度不断增进的目的。而由此发展起来的 AI 芯片的出现也逐步提升了这些巨量数据集的处理运算的效率。AI 和大数据在我们现在的时代里已经不再陌生甚至到了息息相关的地步，而因此也推进这深度算法的不断优化，当这两种技术更加结合紧密的时候，将催生出更多的新型社会业态。

第十节　"永恒之美"——集合艺术

一、集合艺术的发展

毕加索《苦艾酒杯》

集合艺术（assemblage）是指通过组合各种元素，特别是将许多现成物整合成一件作品，以求创造出三度空间艺术品的一种技法；也是指依此技法所构成的作品。集合艺术可以是直立的物体，也可以是板子上的堆积物，还可以包含艺术家所绘制、雕刻或塑造的元素。第一件所谓的集合艺术作品，是毕加索的《苦艾酒杯》（*Glass of Absinthe*，1914）。

集合艺术的特征与构成艺术有时不好区分，它们之间的微妙差别在于构成艺术是强调形式感本身的抽象合理性，使用现成品材料表现形状之间的那种"永恒的美"。集合艺术品的构成不在乎在严格秩序里面的合理性，它直接把拾来的废旧物品加以组合，并且省掉了构成艺术中的技术手段，铆、铣、刨、钻、抛等复杂工艺。因为它们与形式上的美感无关，而其价值在于引起情绪上的联想，就像超现实主义手法对应立体主义、构成主义一样，它更容易被后来的新艺术所接受。

20世纪40年代中期到60年代，抽象艺术在欧美艺术界走向极盛。这一时期，基于反叛目的的抽象艺术成了新的权威，而写实性、描述性的风格则被边缘化。甚至在二战之前的一些前卫艺术家所进行的探索，也被战后的艺术家们所忽略。随着抽象艺术的发展，艺术家的工作变得越来越极端，不但放弃了来自现实生活中的经验，也放弃了文化间的差异性，最后在作品中保留下来的只是色彩、线条和结构。而且抽象艺术极端神秘的本质，也使得人们越来越难对其做出评价。

因此，到了20世纪50年代中期之后，抽象艺术已经显出动力即将耗尽的征兆，在这种情况之下，有一些艺术家开始尝试另辟蹊径。其中一些艺术家开始重新对现成材料和拼贴法产生兴趣。1961年，在美国纽约现代美术馆举办的一个"集合艺术"的展览上，正式提出了"集合主义"的概念——"Assemblage"在英语中包含"集合、集成和装配"的意思。

二、集合艺术家代表

（一）戴维·史密斯（1906—1965）

1962年戴维·史密斯被意大利政府邀请参加世界艺术节，为了节约费用他把热那亚附近的工业废料集中起来。在工人的帮助下，一个月内完成了27件大型金属焊接雕塑，当时引起狂热的崇拜，至此，大型室外废品雕塑开始兴起。

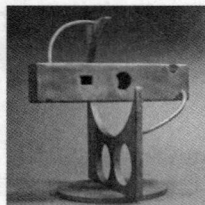

蓝色建筑   Cubi VI   悬浮立方体

（二）罗伯特·劳申伯格（1926—2008）

当美国抽象表现主义接近尾声时，一部分青年艺术家试图否定绘画本身及其内容，主张以图画、摄影等原始素材拼合起来进行创作，劳申伯格成为其中最著名的代表人物。20 世纪 50 年代初，劳申伯格积极推动美国现代艺术由抽象表现主义走向更丰富的形式，由此他成为 20 世纪承上启下的重要现代艺术家之一。

无题   航线   交织的字母

（三）约翰·张伯伦（1927—2011）

约翰·张伯伦 1927 年生于美国罗彻斯特。雕塑家。他的利用钢铁机械碎片进行创作举世闻名。此外他的作品媒介还涉及泡沫、金属薄片、布面油墨、油画、摄影、有机玻璃等。创作一些多彩的雕塑是这位抽象表现主义艺术家主要的创作形式。

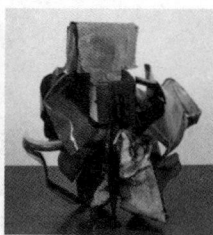

莫扎特备忘录   头奖   阁楼 50

第三章 不见一元正自由，等闲二式皆可用

第一节 从哪里来，到哪里去

大概由人类懂得分辨数量的大小开始，不等式的概念已经诞生了。虽然我们自小学习的数学都以等式为主，但很久以前不等式已经被应用来解决日常生活的问题。尤其在没有微积分的时代，不等式都是计算最大和最小值的最佳工具，许多著名的不等式应运而生，后来理所当然地成为数学理论里的研究对象。数学不等式的研究首先从欧洲国家兴起，东欧国家有一个较大的研究群体，特别是原南斯拉夫国家。目前，对不等式理论感兴趣的数学工作者遍布世界各个国家。

在数学不等式理论发展史上有两个具有分水岭意义的事件，分别是：Chebycheff 在 1882 年发表的论文和 1928 年 Hardy 任伦敦数学会主席届满时的演讲；Hardy，Littlewood 和 Plya 的著作 *Inequalities* 的前言中对不等式的哲学（philosophy）给出了有见地的见解：一般来讲初等的不等式应该有初等的证明，证明应该是"内在的"，而且应该给出等号成立的证明。A. M. Fink 认为，人们应该尽量陈述和证明不能推广的不等式。Hardy 认为，基本的不等式是初等的。自从著名数学家 G. H. Hardy，J. E. Littlewood 和 G. Plya 的著作 *Inequalities* 由 Cambridge University Press 于 1934 年出版以来，数学不等式理论及其应用的研究正式粉墨登场，成为一门新兴的数学学科，从此不等式不再是一些零星散乱的、孤立的公式综合，它已发展成为一套系统的科学理论。

20 世纪 70 年代以来，国际上每四年在德国召开一次一般不等式（General Inequalities）国际学术会议，并出版专门的会议论文集。不等式理论也是 2000 年在意大利召开的第三届世界非线性分析学家大会（The Third World Congress of Nonlinear Analysis）的主题之一。2000 年和 2001 年在韩国召开的第六届和第七届非线性泛函分析和应用国际会议（International Conference on Nonlinear Functional Analysis and Applications）与 2000 年在我国大连理工大学召开的 ISAAC 都将数学不等式理论作为主要的议题安排在会议日程之中。

历史上，华人数学家在不等式领域做出过重要贡献，包括华罗庚、樊畿、林东坡、徐利治、王忠烈、王兴华等老一代数学家。最近几年我国有许多数学工作者始终活跃在国际数学不等式理论及其应用的领域，他们在相关方面做出了独特的贡献，引起国内外同行的注意和重视。例如王挽澜教授、石焕南教授、杨必成教授、高明哲教授、张晗方教授、杨国胜教授等。

20 世纪 80 年代以来在中国大地上出现了持续高涨的不等式研究热潮。20 世纪 80 年代杨路等教授对几何不等式研究的一系列开创性工作，将我国几何不等式的研究推向高潮；在代数不等式方面，王挽澜教授对 Fanky 不等式的深入研究达到国际领先水平。祁锋教授及其所领导的研究群体在平均不等式及其他不等式方面取得了大量而系统的前沿研究成果；对分析不等式，胡克教授于 1981 年发表在《中国科学》上的论文《一个不等式及其若干应用》，针对 Holder 不等式的缺陷提出一个全新的不等式，被美国数学评论称之为"一个杰出的非凡的新的不等式"，现在称之为胡克不等式。胡克教授对这个不等式及其应用作了系统而深刻的研究。

目前，我国关于数学不等式理论及其应用的研究也有较丰富的成果。例如匡继昌先生的专著《常用不等式》一书由于供不应求，在短短的几年内已经出版了第二版，重印过多次。对于数学专著来讲，这是少有的现象。第二本较有影响的专著是王松桂和贾忠贞合著的《矩阵论中不等式》。另外，国内还有一个不等式研究小组比较活跃，主办一个《不等式研究通讯》的内部交流刊物，数学家杨路先生任顾问。

古往今来，不等式在数学中扮演十分重要的角色。大部分的不等式，它们都是结构简单和具有对称性（把不等式的未知数交换位置，不等式仍然成立），本身已合乎一定的美学标准。最令人拍手叫绝的是，不等号的左右两方是恰到好处的搭配，数值较大的一方只会仅大于另一方，而且容许左右相等的情况出现，奇妙之余亦甚具有价值，难怪足以跻身在历史上最伟大的 100 个数学定理之中吧。

第二节　羊圈的奥妙

欧拉是数学史上著名的数学家，他在数论、几何学、天文数学、微积分等好几个数学的分支领域中都取得了出色的成就。不过，这个大数学家在孩提时代却一点也不讨老师的喜欢，他是一个被学校除了名的小学生。

事情是因为星星而引起的。当时，小欧拉在一个教会学校里读书。有一次，他向老师提问，天上有多少颗星星。老师是个神学的信徒，他不知道天上究竟有多少颗星，圣经上也没有回答过。其实，天上的星星数不清，是无限的。我们肉眼可见的星星也只有几千颗。这个老师不懂装懂，回答欧拉说："天上有多少颗星星，这无关紧要，只要知道天上的星星是上帝镶嵌上去的就够了。"欧拉感到很奇怪："天那么大，那么高，地上没有扶梯，上帝是怎么把星星一颗一颗镶嵌到天幕上的呢？上帝亲

自把它们一颗一颗地放在天幕，他为什么忘记了星星的数目呢？上帝会不会太粗心了呢？"他向老师提出了心中的疑问，老师又一次被问住了，涨红了脸，不知如何回答才好。老师的心中顿时升起一股怒气，这不仅是因为一个才上学的孩子向老师提出了这样的问题，使老师下不了台，更主要的是，老师把上帝看得高于一切。小欧拉居然责怪上帝为什么没有记住星星的数目，言外之意是对万能的上帝提出了怀疑。在老师的心目中，这可是个严重的问题。在欧拉的年代，对上帝是绝对不能怀疑的，人们只能做思想的奴隶，绝对不允许自由思考。小欧拉没有与教会和上帝"保持一致"，学校便开除了他。但是，在小欧拉心中，上帝神圣的光环消失了。

回家后无事可做，他就帮助爸爸放羊，成了一个牧童。他一边放羊，一边读书。他读的书中，有不少数学书。爸爸的羊群渐渐增多了，达到了 100 只。原来的羊圈有点小了，爸爸决定建造一个新的羊圈。他用尺量出了一块长方形的土地，长 40 米，宽15 米，他一算，面积正好是 600 平方米，平均每一只羊占地 6 平方米。正打算动工的时候，他发现他的材料只够围 100 米的篱笆，不够用。若要围成长 40 米，宽 15 米的羊圈，其周长将是 110 米（15＋15＋40＋40=110），父亲感到很为难，若要按原计划建造，就要在添 10 米长的材料；若要缩小面积，每只羊的面积就会小于 6 平方米。小欧拉却向父亲说，不用缩小羊圈，也不用担心每只羊的领地会小于原来的计划，他有办法。父亲不相信小欧拉会有办法，听了没有理他。小欧拉急了，大声说，只要稍稍移动移下羊圈的柱子就可以了。父亲听了直摇头，心想："世界上哪有这么便宜的事？"但是小欧拉却坚持说，他一定能两全其美。父亲终于同意让儿子试试看。小欧拉见父亲同意了，站起身来，跑到准备动工的羊圈旁，他以一个木柱为中心，将原来的 40 米边长截短，缩短到 25 米。父亲着急了，说："那怎么成呢？那怎么成呢?这个羊圈太小了，太小了。"小欧拉也不回答，跑到另一条边上，将原来 15 米的变长延长，又增加了 10 米，变成 25 米。经这样一改，原来计划中的羊圈变成了一个边长为 25 米的正方形。然后，小欧拉很自信地对爸爸说："现在，篱笆也够了，面积也够了。"父亲照着小欧拉设计的羊圈扎上篱笆，100 米长的篱笆真够了，不多不少，全部用光。面积也足够了，而且还稍稍大了一些。父亲心里感到非常高兴，孩子比自己聪明，又会动脑筋，将来一定大有出息。

父亲感到，让这么聪明的孩子放羊实在是可惜了。后来，他想办法让小欧拉认识了一个大数学家伯努利。通过这位数学家的推荐，1720 年，小欧拉成了巴塞尔大学的大学生。这一年，小欧拉 13 岁，是这所大学最年轻的大学生。

实际上，欧拉通过改变羊圈的各边长来改变羊圈的面积是有依据的，因为在客观世界中，有些不等式关系是永远成立的。例如，在周长相等时，圆的面积比正方形的面积大，正方形的面积又比非正方形的任意矩形的面积大。因而可以通过改变图像的形状，在周长不变的情况下，改变图形的面积。

第三节 走进区间的世界

学习了区间在数学中的定义，那么，区间在生活中又有哪些形式的呈现呢？

（一）区间测速

在高速路上区间测速的普及度是非常广的，毕竟高速公路上限速本来就高，如果在存在超速行为，那么是十分危险的。区间测速系统是通过在道路卡点架设摄像机建立监控抓拍系统，对道路卡点监测区域内所通行的车辆进行实时监控、抓拍、以获取车辆行驶速度、交通流量、车辆的牌照号码、颜色、物理大概尺寸以及驾驶员特征等信息，再将信息通过传输网络传输到公安交通指挥中心和交通控制分中心的数据库中进行数据存储、查询、比对等处理。以便进行集中有效地管理，能为公安部门有效打击违章超速、肇事逃逸、可疑车辆等各种违法行为提供有效地技术支持。这些信息也可以用于对交通流量的自动分析、统计和用于对违法、违规车辆进行处理的法律依据。

其实区间测速的工作原理也是非常简单，区间测速都有起始点和终点，自汽车进入起始点开始，系统会自动开始记录时间，到汽车通过终点时为止。通过汽车在起始点到终点这个区间范围内行驶的路程，以及汽车通过这两点之间路程的时间来推算出汽车的平均速度，并依据该路段上的限速标准判定车辆是否超速违章，同时在 LED 大屏进行交通违法车辆信息的实时发布，以对违法车辆进行告知及警示更多的车辆。以往的单点测速仪，在司机熟知测速点的情况下，可以通过刹车降低车速逃避处罚，很容易造成追尾事故。而区间测速采取计算平均车速的方法来检测车辆是否超速，堵住了司机投机取巧的手段，更加科学公正。

（二）乘车区间

现在的生活中出现了很多便捷的交通方式，四通八达的交通更是让人们能够轻松的到达各个自己想要到达的地方，当然有的时候也会有着区间限制。同学们在入学登记信息的时候就会涉及要填写乘车区间。乘车区间是针对学生出台的一种限制举措，同时也是更好地让学生享受优惠政策的一种行径。我们很多同学都知道学生坐火车优惠，却不了解学生证乘车区间规定是什么概念。那么究竟学生证乘车区间规定是怎样的呢？怎么才算在乘车区间内呢?学生从家中到学校的这段路程所在区间是乘车区间，只要在这个乘车区间中学生都可以享受到购票优惠政策。举例：假如我家在 A，而我上学的地方在 B，乘车区间只能写 A 至 B，购票时也只能购买 A 至 B 或者 B 至 A 的火车票，而不能购买 B 至 C 的半价火车票!

当然很多时候人们在行车的过程中，在两地之间乘坐交通工具，这两地之间的距离也是被称为乘车区间的，乘车区间有效的帮助人们划分了车票的距离，方便了车票的管理。

（三）铁路区间信号

为了保证行车安全和必要的线路通过能力，铁路上每隔一定距离（10 公里左右）需要设置一个车站，车站把每一条铁路线划分成若干个长度不同的段落，每一段落则称为区间，而车站就成为相邻区间之间的分界点，因此，区间和分界点是组成铁路线路的两个基本环节。由于车站上除了正线以外，还配有其他线路（到发线、牵出线等），所以我们把各种车站称为有配线的分界点。此外，还有无配线的分界点，它包括非自动闭塞区段的两车站间设置的线路所和自动闭塞区段的两车站间划分为若干个闭塞分区处所设置的通过色灯信号机。区段通常是指两相邻技术站间的铁路线段，它包含了若干个区间和分界点，区段的长度一般取决于牵引动力的种类或路网状况。

从上述可知，区间也有不同的分类。车站与车站之间的区间称为 站间区间，车站与线路所之间的区间称为所间区间，自动闭塞区段上通过色灯信号机之间的段落称为区间闭塞。防护铁路区间内列车运行安全的铁路信号和设施，称为铁路区间信号。

铁路区间信号主要包括铁路区间闭塞、车内信号、铁路道口防护、铁路防护报警、轴温探测等。铁路区间闭塞是为了防止在铁路区间运行的列车发生对向冲撞或尾追冲撞等事故而采取的列车运行控制技术措施。主要方法有时间间隔法和空间间隔法。时间间隔法是一列车发送后，间隔一定时间再发送随行列车的行车方法。空间间隔法是前行列车和随行列车间保持一定空间距离的行车方法。时间间隔法往往因先行列车未能按预定时间到达下一站，或因中途停车，而可能同随行列车发生尾追或对向冲撞事故，因此已很少应用。车内信号是设在机车司机室内的信号，其作用是向司机复示运行前方地面信号机显示的信号，或指示前方线路的运行条件。车内信号的使用可以克服自然条件给司机瞭望地面信号造成的困难，有助于司机正确地进行运行操作。铁路道口防护是提高铁路线路同其他道路平交道口行车安全的防护设备。铁路防护报警则是对危及铁路行车安全的险情能够及时发出警报的设备。轴温探测则是对运行中的铁路车辆的轴箱温度变化进行检测的设备。

铁路区间信号的发展保证了行车安全，提高了区间行车效率，尤其是铁路区间采用半自动闭塞和自动闭塞以后，进一步完善了铁路区间信号。

第四节 糖与水的甜蜜

同学们喝过糖水应该知道，在同一杯水中，如果我们加的糖越多，待糖全部溶解后，糖水就越甜。这样的生活常识我们毋庸置疑，那能否根据我们学过的不等式知识来解释其中的道理呢？

糖水变甜是因为加糖之后，糖水的浓度增加。如果我们能够比较出加糖前后糖水浓度的大小，并判断出后者大于前者，就能解释这个生活现象了。事实上，这里面蕴含的问题是不等式中的如何比较两个实数的大小。

对于比较实数大小，初中我们有两种方法：

（1）实数与数轴上的点是一一对应的。数轴上右边的点对应的实数比左边的点对应的实数大。

如图，$-4 < -2 < 0 < 2 < 4 < 6$

（2）正数大于 0；0 大于负数；两个负数比较，绝对值大的反而小。

那对于比较实数大小，还有其他方法吗？

我们先看看这个问题：2006 年 7 月 12 日，在国际田联超级大奖赛洛桑站男子 110 米栏比赛中，我国百米跨栏运动员刘翔以 12 秒 88 的成绩夺冠，并打破了尘封 13 年的世界纪录 12 秒 91，为我国争得了荣誉。

如何体现两个记录的差距？通常利用观察两个数的差的符号，来比较它们的大小。因为 $12.88 - 12.91 = -0.03 < 0$，所以得到结论：刘翔的成绩比世界纪录快了 0.03 秒。

所以可以通过作差，来比较两个实数的大小。

对于两个任意的实数 a 和 b，有

$a > b \Leftrightarrow a - b > 0$

$a = b \Leftrightarrow a - b = 0$

$a < b \Leftrightarrow a - b < 0$

因此，比较两个实数的大小，只需要考察它们的差，并把差和 0 比较。

那么糖水加糖变甜的现象就可以这样来解释。

设如果 b 克糖水中有 a 克糖（$b>a>0$），若再添上 m（$m>0$）克糖，则：

没有加 m 克糖的糖水的浓度 $\dfrac{a}{b}$，

加了 m 克糖的糖水的浓度 $\dfrac{a+m}{b+m}$，

作差比较大小 $\dfrac{a}{b}-\dfrac{a+m}{b+m}=\dfrac{a(b+m)-b(a+m)}{b(b+m)}=\dfrac{m(a-b)}{b(b+m)}<0$

所以 $\dfrac{a}{b}<\dfrac{a+m}{b+m}$

糖的浓度增加，说明糖水变甜。

知识源于生活，又高于生活。我们应该热爱生活，多观察、多思考、勤总结、勤归纳，善用抽象思维将实际问题转化为数学问题，进而去解决其他问题。

第五节　房屋再大也有误差

千里家书只为墙，让他三尺又何妨？

万里长城今犹在，不见当年秦始皇。

六尺巷，位于安徽省桐城市的西南一隅，全长 100 米、宽 2 米，建成于清朝康熙年间（1662—1722），巷道两端立石牌坊，牌坊上刻着"礼让"二字。

"千里家书只为墙，让他三尺又何妨。长城万里今犹存，不见当年秦始皇"。这首"让墙诗"就出自六尺巷的一段历史典故。史料记载：张文端公居宅旁有隙地，与吴氏邻，吴氏越用之。家人驰书于都，公批书于后寄归。家人得书，遂撤让三尺，故六尺巷遂以为名焉。

2007 年 4 月，"桐城文庙—六尺巷"成为国家 3A 级旅游景区。

这是关于中华民族灿烂五千年文化中谦让的一个典故，其中因为房屋建筑争端而起，终通过相互谦让而成就一段佳话。

而如今我们社会经济高速发展，房屋成为我们的刚需品，房屋有大有小，我们通过面积去衡量。

那同学们知道自己家里房屋的面积吗？知道什么是面积误差吗？

面积误差比：指购买商品房时实测面积与预测面积之差和预测面积的比值。面积误差比是商品房买卖过程中处理面积差异的一种方法。

$$面积误差比 = \frac{实测面积 - 预测面积}{预测面积} \times 100\%$$

$$面积误差比绝对值 = \frac{|实测计价面积 - 合同约定计价面积|}{合同约定计价面积} \times 100\%$$

国家规定的房屋面积误差是多少，实测和预测的面积误差应该在 3% 以内，对于面积不超过 3% 的情况来说，一般都在房产合同中有明确的条款，对于面积超过建筑面积的，购房者需要按照原价补齐房款，对于面积低于建筑面积的，开发商需要按照原价赔偿房款。对于面积误差超过 3% 的情况来说如果合同没有明确规定的，购房者都有权利退房，并且开发商要在 1 个月内办理退款手续并支付利息。如果购房者不退房的，面积大于 3% 的情况下，购房者只需要补齐 3% 的面积房款，其余面积由开发商承担。对于面积小于 3% 的情况下，开发商需要按照原价赔偿 3% 以内的部分，然后再以双倍的价格赔偿 3% 以外的部分。

如果我们购房者遇到面积误差的情况我们需要查看自己的合同当中是否有相应的调控，如果没有就按照以上的办法执行，运用我们学的不等式知识来维护自己权益。

假设同学们 A 购买了位于重庆市大渡口区某某滨江花园一处洋房，购房的预测面积为 120 平方米，那么实测面积应是多少符合面积误差比？

设实测面积为 x 平方米，则：

$$\left| \frac{x - 120}{120} \right| \leqslant 3\%$$

$$|x - 120| \leqslant 3.6$$

$$-3.6 \leqslant x - 120 \leqslant 3.6$$

$$116.4 \leqslant x \leqslant 123.6$$

所以，实测面积应在 [116.4,123.6] 平方米之间才符合国家规定的房屋面积误差。

第六节　如何拥有一间洒满阳光的房间

随着社会经济的发展，房屋成为我们的刚需品，选择房子的时候，除了大小，我们很多时候还会考察房屋的采光。

采光的好处，俗话说："万物生长靠太阳"，地球表面能量系统的维持须臾离不开太阳，植物靠阳光中的能量进行光合作用，把地球上的无机物转化为动物可以利用的有机物。动物靠阳光照明，恒温动物还要靠阳光为地球表面加温，以维持合适的温度。没有太阳也就不会有现在地球

上的一切生机。阳光中的紫外线还有强烈的杀菌功能，能杀死大部分对人类有害的细菌、真菌和病毒。在北半球，太阳大部分时间位于偏南方向，一般来说，坐北朝南的房屋比坐南朝北的房屋更有利于采光。由于坐向的差异，不同方位的房屋呈现出不同的特征。通常，房屋向北寒，向南热，向东温，向西凉，可根据宅主的生理和心理需求而选择不同的房屋坐向。人口密集的城镇高楼林立，要尽量在房屋的前后两方留出一定的空间，最好使每一间房间都有自然光可采。

那采光的标准是什么呢？有怎样的规定呢？

一般情况下，建筑民用住宅时，住宅窗户的总面积应该小于该住宅的占地面积，但按采光的标准，窗户的总面积与占地面积的比值不小于 10%，并且这个值越大，住宅的采光条件越好。

假设老张想购买一套 90 平方米的房子，那么他要买的房子应该选择多大的窗户面积才能达到采光的标准呢？同学们能利用不等式的知识为他出谋划策吗？

设窗户面积为 x 平方米，则：

$$\frac{x}{90} \geqslant 10\%$$

$$x \geqslant 90 \times 0.1$$

即 $x \geqslant 9$

所以，他要想买到采光好的 90 平方米的房子，那么窗户的面积至少是 9 平方米。

但看房的时候，他却看上了一套面积为 125 平方米的房子，并且他发现窗户增加的面积和房子增加的面积是一样的，那窗户和房子面积同时发生变化，会对采光效果产生怎样的影响呢？该房子的采光条件是变好还是变坏了？同学们还能继续为他解惑吗？

设原住宅窗户面积和占地面积分别为 a，b，同时增加的面积为 m。

由题设知 $b>a>0$，$m>0$，

原采光比为 $\dfrac{a}{b}$，

增大面积后的采光比为 $\dfrac{a+m}{b+m}$

由 $\dfrac{a+m}{b+m} - \dfrac{a}{b} = \dfrac{b(a+m)-a(b+m)}{b(b+m)} = \dfrac{m(b-a)}{b(b+m)}$，

因为 $b>a>0$，$m>0$，所以 $b-a>0$，$b+m>0$，

所以 $\dfrac{m(b-a)}{b(b+m)} > 0$，

即 $\dfrac{a+m}{b+m} > \dfrac{a}{b}$

因此，利用不等式中的作差法比较大小，可以发现，同时增加相等的窗户面积和占地面积，住宅的采光条件是变好了。所以，通过我们的所学，可以为老张解惑，他

看上的这套房子比之前的采光更好。

第七节　线性规划的神奇作用

　　线性规划是解决如何合理分配和利用有限资源，以取得最佳经济效益问题的优化方法。在帮助人们进行相关的科学管理上线性规划发挥着不可替代的作用——在一定的线性约束条件下，确定相关的线性目标函数值这对于生产工作来说都是十分重要的。正如我们所知，线性规划都有一定的形式，比如下面这种。

　　目标函数：

$$\min Z = c_1 x_1 + c_2 x_2 + \cdots + c_n x_n$$

　　约束条件：

$$a_{11} x_1 + a_{12} x_2 + \cdots + a_{1n} x_n \geqslant b_1 (=, \leqslant b_1)$$

$$a_{21} x_1 + a_{22} x_2 + \cdots + a_{2n} x_n \geqslant b_2 (=, \leqslant b_2)$$

$$\cdots$$

$$a_{m1} x_1 + a_{m2} x_2 + \cdots + a_{mn} x_n \geqslant b_m (=, \leqslant b_m)$$

$$x_j \geqslant 0 (j = 1, 2, \cdots, n)$$

　　在我们的现实生活中，许多问题都是可以通过线性规划减少人们的工作量节省经费，提高相应的工作效率。有一些生活中常见的问题，比如话费选用套餐问题、两种不同型号材料的配比问题等等，都可以用线性规划这种统筹方法找出相应的最优解。在这里，我们就以生活中常见的一些问题为例，来分析线性规划在实际生产生活中的应用。

　　（一）在建筑行业中的线性规划的实际应用

　　建筑行业在进行相关的建筑工程施工时，最大的资金投入就是在建筑材料这方面。因为建筑物在其自身的建造使用方面上，需要根据实际的需求进行相应的材料调整——有些建筑主要是以办公为主，在进行选材上我们就需要选用方便办公的建筑材料。而有些建筑它们最终的目的是住宅，那么在选用建筑材料的时候就需要偏重于保温抗压。因此，如何在质量与资金两者之间保持平衡是我们在进行建筑工程施工时需要考虑的问题，而这个问题恰恰就是运用线性规划可以解决的问题。接下来，我们就以建筑行业的建筑材料选用为例，选用一个例子来证明在建筑行业中的线性规划的实际应用。

　　某一建筑承包商的某一项的建筑材料有甲乙两种，甲种建筑材料的价格是 8 元每根，乙种建筑材料的价格是 6 元每根。每根甲种建筑材料可以分别切割成 A 种规格的 2 个，B 种规格的 1 个，C 种规格的 1 个。每根乙种建筑材料可以切割成 A 种规格的 1

个，B 种规格的 2 个，C 种规格的 3 个。先根据实际情况，需要 A、B、C 三种规格的建筑材料分别是 15、18、27 个。那么，如何选择才可以使得建筑承包商所花费的资金最少就是我们需要解决的问题。在这里，我们根据上述所给出的信息可以整理成下面的表格。

	甲	乙	实际需求（个）
A 规格	2	1	15
B 规格	1	2	18
C 规格	1	3	27
单价（元）	8	6	

根据这个表格我们就可以很清楚地看出来，这其中有着一定的线性相关的关系：$y = (2.4 - 1.98 + x)(1000 - x)$。根据此表格我们就可以很明确的建立相应的坐标，找准其中的对应点。根据相关的线性关系，我们可以得出在坐标（3.6，7.8）的时候可以得到最优解。根据实际情况，我们取整，也就是在（4，8）的时候花费最少，为 80 元。这样一来，我们就可以根据线性关系找到了最优的建筑材料购买方案，在实际的建筑材料选材中找到了最优解，为相关单位节省了部分资金。

（二）在投资理财上的线性规划的实际应用

现如今人们在经济浪潮的推动下，相较于以往的体力脑力劳动，对于投资理财这方面显得更为注重。作为投资理财的目标，获得相应的报酬是我们最终的目的；但实际情况却是任何一种投资都会存在着一定的风险，这其中的区别就是风险大小的问题。任何的投资项目都是需要一定的本金或者是一定的资金来作为该项目的运营支持，资金的运营风险，在这期间所需要面对的约束条件都是需要我们进行考虑的。那么，为了使得我们的投资可以得到最大的收益，我们就需要在降低风险上下一番功夫。而遇到了投资风险保持在一定的范围内的情况，我们就需要考虑应该选用哪一种投资项目可以将我们的收益最大化。接下来我们就以这方面为例，用实际生活中的例子进行举例分析。

现在几乎家家户户都有电视了，电视的普及率在当今社会已经算是很高的了。特别是现在手机电脑的使用频率更是让人们感受到了电子设备的好处。因此，很多人就将目光投向了各个应用平台的广告时段，为自己的产品增加在人们视线中的出镜率。但各个投资商需要根据实际情况，将在各个平台播放的广告时间与运营资金搞清楚，为自己争取更大的利润。接下来，我们就根据市场调查的实际情况，以表格的形式来看一下广告在不同平台上的实际投入资金。

	电视		无线电广播	杂志
	白天	晚上		
一次广告费用（千元）	40	75	30	15
每次广告受影响顾客（千人）	400	900	500	200
每次广告影响到的女顾客（千人）	300	400	200	100

在限定资金不超过 800（千元）的前提下，需要保证有 200 万女性观看广告，并且电视台的广告费用限定在 500（千元），在白天至少播出 3 次，晚上至少播出两次；其他两项平台的广告播放次数在 5~10 次。这样一来，要想使的该广告获得想要的理想效果，首先要确定影响决策的因素：经费、女顾客人数、电视广告次数、无线电广播以及杂志的广告播放次数。像这样的有着多种限定条件的投资问题，我们就可以选用线性规划这种方法来找到其中的最优解。根据所给出的条件以及资料，我们可以找到的如下线性关系并列出相应的关系式：

$$\max f = 400x_1 + 900x_2 + 500x_3 + 200x_4。$$

如果想要达到投资白天电视、晚上电视与杂志的总和不超过 800 千元的这种情况，我们可以得到下面的关系式：$40x_1 + 75x_2 + 30x_3 + 15x_4 \leq 800$。满足第三个条件的不等关系式我们可以列为这样：$300x_1 + 400x_2 + 200x_3 + 100x_4 \geq 2000$。想要达到在经费不超过 500 千元的前提下，保证广告在白天的播出至少 3 次，晚上播出至少 2 次，我们可以得到：$40x_1 + 75x_2 \leq 500$，$x_1 \geq 3$，$x_2 \geq 2$，而无线电的广告播放次数是 5 到次，那么我们可以得出 $5 \leq x_3 \leq 10$。同理可得杂志的不等式：$5 \leq x_4 \leq 10$。这样我们就将所给的题目中所要求的条件都用不等式表达出来了，然后可以选用 LIND 软件进行相应的线性相关求解。根据 LIND 软件我们可以很明确的看出来，当人数在 10960 千人的时候，也就是电视台的广告在白天的播放次数为 3 次，晚间的播放次数为 3 次，并且无线电广播的广告播放在 10 次，杂志的广告刊登为 10 次的时候是该广告收益最大的时候。运用相关的线性规划以及相应的辅助工具，可以使得复杂的问题解决起来更为有效率。

严格来说，现实生活中的很多问题都不是完美线性化的，达不到我们想要的最理想效果，但是在实际生活中用线性规划来进行建模解决问题也可以达到实际上的最优解决方案。作为复杂算法的一部分，线性规划是一个十分基础的解决问题的手段，更为复杂的问题其解决方法就是建立在基础的线性规划之上。因此，线性规划在实际生产生活中的应用还是十分广泛的，只要我们仔细观察就会发现其中的奥秘。

第八节　诗歌与不等式

我国民间流传着许多趣味算题，此类算题或者是把看似枯燥的数学问题编成有趣的小故事，或者是用朗朗上口的诗歌形式表达出来，很受大众的喜爱。

（一）

六丈六尺布，裁成两种裤；

长的七尺二，短的二尺五；

布要全用尽，规格要相等；

各样有几条，请问大师傅？

趣闻提问：

1．大师傅是什么职业？

2．诗歌中的"丈"与"尺"是什么衡量单位？

3．如果你是大师傅怎么运用我们的不等式来解决这个难题？

解析：

1．裁缝

2．1 丈=10 尺，1 尺=10 寸，1 寸=10 分（1 尺=33.33 厘米）

3．解：设长裤裁出 x 条，短裤裁出 y 条，

根据题意，得 $7.2x+2.5y=66$，

转化为 $y=\dfrac{660-72x}{25}$

显然 x、y 必是正整数，即 $\dfrac{660-72x}{25}>0$，解得 $x<9\dfrac{1}{6}$。

所以 x 为 1 至 9 的整数。

由 $y=\dfrac{660-72x}{25}$ 可知，x 必须是 5 的倍数，否则 $\dfrac{660-72x}{25}$ 就不是整数。

所以 $x=5$，代入得 $y=12$

即长裤裁 5 条，短裤裁 12 条。

（二）

三百条狗交给你，一少三多四下分，

不要双数要单数，看你怎么分得均？

电影《刘三姐》中，地主莫怀仁请来陶、李、罗三个秀才，同刘三姐和乡亲们对歌，想压倒刘三姐，这是罗秀才唱的歌词，刘三姐示意舟妹作答。舟妹唱道："九十九条打猎去，九十九条看羊来，九十九条守门口，剩下三条财主请来当奴才。"答得妙极啦！

罗秀才的歌词实际上是一道数学题，把三百条狗分成四群，一群少三群多，每群的条数是奇数，多的三群要求条数同样多，问如何分法？舟妹的回答只是其中的一个解，其他的解同学们能利用所学知识求出来吗？

解：设多的三群每群有 x 条狗，少的一群有 y 条狗，依题意得：

$3x+y=300$（$0<y<x<300$，x、y 为奇数），

得 $x=100-\dfrac{y}{3}$，

设 $y=3t$，则 $x=100-t$（$t<100$，且 t 为正奇数），

由 $y<x$，得 $3t<100-t$，

解得，$t<25$，即 $0<t<25$。

由 t 为奇数，得 t 可取的值为 1，3，5，7，9，11，13，15，17，19，21，23，共 12 个奇数，将 t 的值代入可得 x、y 的对应值，故共有 12 个解。而舟妹的回答是当 $t=1$ 时的解：$x=99$，$y=3$。

同学们能写出其他的解吗？

第九节　木桶盛水有学问——木桶不等式

木桶不等式：

一般地，对于任意的实数 x,y，有如下两个结论：

（1）若 $x+y$ 是定值，则 $|x-y|$ 越小时，xy 越大；

（2）若 xy 是定值，则 $|x-y|$ 越小时，$|x+y|$ 越小。

这两个结论用不等关系来表述就是：对于任意的实数 a，b，c，d.

（1）若 $a+b=b+c$，且 $|a-d|>|b-c|$，则 $ab<bc$；

（2）若 $ad=bc$，且 $|a-b|>|b-c|$，则 $|a+b|>|b+c|$。

盛水的木桶是由多块木板箍成的，盛水量也是由这些木板共同决定的。所谓木桶原理，是说一只木桶盛水的多少，并不取决于桶壁上最高的那块木块，而恰恰取决于最短的那块。若其中一块木块很短，则此木桶的盛水量就会被大大限制。

现有两个木桶，它们所使用的木料是相当的，其中一个木桶各木块的长度基本相同，另一个木桶的各块木板的长度却参差不齐，有些很长，有些则极短，请问哪个木桶盛的水更多些？根据木桶原理，当然是前者了，因为木桶的盛水量由最短的那块木

板所决定！若把各块木板看成数字，这不恰恰就是几个数的和一定，它们的差距越小，则它们的积越大吗？

反过来，若想做一个定量的木桶，容易知道，各块木板的长度越接近，用料越省。同样的，这不就是

几个数的积一定，它们的差距越小，则它们的和越小吗？

所以木桶原理在意境上和数学是相通的。

比较两个数的大小：

54321×6789 与 54322×6788

方法一：直接计算出两个数的值，从而比较大小；

方法二：观察数的特点，利用乘法分配律。

$54321 \times 6789 = 54321 \times (6788 + 1) = 54321 \times 6788 + 54321$，

$54322 \times 6788 = (54321 + 1) \times 6788 = 54321 \times 6788 + 6788$，

所以 $54321 \times 6789 > 54322 \times 6788$

方法三：利用木桶不等式，不用动笔，直接看出答案。同学们知道怎么做吗？

这个问题中出现了四个数，如果将这四个数按照从小到大的顺序排列就是：6788<6789<54321<54322。这四个数两两配对后，我们就发现：中间两数之和等于旁边两数和，即 54321+6789=54322+6788，而我们的结果就是：中间两个数的乘积要大一些。

木桶原理告诉我们，一只木桶盛水的多少，不是由最长的那块木板所决定的，而是由其最短的那块木板所限制。同样，一个人知识水平的高低，可能获得成就的大小也是由其知识的最短板所制约的。

然而，人们往往有这样的习惯，那就是不愿正面自己的短处，而是更得意于自己的长处。希望能够用自己的长处来补足短处。但结果却往往不如己意。事实上，发展长处所需付出的代价远远高于补足短处。短处恰恰是人之潜力所在，是实现自我、提升自己的突破口。

我们把水比作知识，把木桶比作知识体系，而把桶壁上的各个木板比作知识面。那么，我们的总体知识水平就是由知识面所分别储蓄的知识所汇集的。由于我们在各知识面的知识多少不一，所构成的木板长短也就各不相同。根据木桶原理，知识就将从其最短处流出。

要提升整体知识水平就要想办法找出知识的短板。最好的方法就是向木桶中注水，我们知道，水将从最短的木板处流出。那么，水流出的地方也就是我们知识体系最薄弱的环节，补上这一漏洞并继续注水，水就可能从另一短板处流出，再次补足这一短板并再次注水。如此周而复始、循环往复不断进行下去。我们的整体知识水平就将随短板的不断补足而升高。

假设每一方面知识所代表的知识的宽度是固定的。那么，增加储水量的另一方法就是在桶壁上增加木板，当新的木板增加进去，旧的平衡就会被打破，水平面也就将

随之下降，知识水平的整体高度也将下降。若新的木板长度过短，水就将从此处漏出，造成知识水平的降低。新增加的知识面往往会长度不足，所以对新增加的知识面一定要及时巩固提高。

人们往往喜欢去拓展系的知识面，而忽视那些随着时间的流逝而逐渐腐朽的木板，旧的知识在这些地方渐渐流逝。因此，即使巡查、发现、补足旧的知识体系上不断出现的漏洞也就是我们所必须重视的。

自我提升就是在实验—补差—实验的交替循环中不断发展起来的。要不断地发现自己的错误与不足，以良好的心态去面对、解决；不断地拓展新的领域，丰富自己的知识体系；及时的回顾总结，温习旧有的知识，方能让平凡的自己，实现人生的蜕变！

第十节　财务管理的绝招

当前，中职会计专业普遍开设《财务管理》课程。该课程在资产管理中，多次运用数学模型解决最佳现金持有量、存货经济批量等问题。但是中职财务管理教材，是利用高等数学中的导数原理，用求导数来确定最佳状态的资产。遗憾的是，中职所学的数学没有相应的微分求导内容。而当前要改变数学教学内容几乎是不可能的，因为中职学生文化基础课普遍较差，对数学的理解能力较弱，改变中职数学体系有较大难度。针对此种状况，在以往的财务管理教学中，基本采用让学生死记硬背计算公式的做法完成课堂教学，而这样做的结果是：学生对这门重要的专业课产生厌学情绪，大部分学生对不能理解的知识没有兴趣、抵触，导致该门功课成绩普遍较差，影响到就业及高职升学。鉴于此，尝试用初等数学知识解决财务管理专业问题是尤为重要，又是切实可行的。因为：

第一，初中阶段数学作为一门重要的文化主课一直被强化训练，学生印象深刻；

第二，代数不等式几乎是每个初中学生都能掌握的重要知识点。

故此，教学中，探讨利用不等式解决专业课中的函数问题，浅显易懂，能达到最佳教学效果。

在现金、存货等资产管理中，一个最基本的理念是进行"成本—效益"分析，通过建立数学模型，寻求一个资产相关成本最小时的资产持有量，以达到管理目标。

以存货为例，存货管理目的是找到使存货相关总成本最低时的订货量，即经济订货批量。

这需要建立经济批量数学模型：

首先，建立经济批量模型需要一系列假设条件：

（1）年存货需要量稳定且能预测确定；

（2）存货耗用或销售均衡；

（3）不允许缺货，即无缺货成本；

（4）存货的单位采购成本不变，不考虑数量折扣；

（5）企业现金充足；

（6）市场货源供应充足，即需要时能立即取得存货。

其次，确定经济订货批量的基本模型（函数关系式）：

存货总成本=储存成本+订货成本=每次平均存货量×单位存货储存

成本+全年订货量/订货批量×每次订货成本

设：存货年需要量为 S

每次订货量为 Q

单位存货储存成本为 P

每次订货成本为 U

总成本为 Y

则 $Y = \dfrac{Q}{2} \cdot P + \dfrac{S}{Q} \cdot U$（$P, S, U$ 为常数）

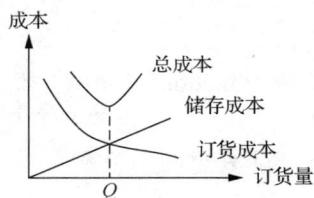

由图，经济批量就是总成本曲线最低点的订货量，也即储存成本与订货成本线相交处的订货量 Q。

建立这个函数关系式的目的在于求出 Q 取何值时，Y 取得最小值。

由于代数中基本不等式 $a + b \geq 2\sqrt{ab}$（a，b 均大于 0）

当且尽当 $a=b$ 时等号成立，所以

$$\frac{Q}{2} \cdot P + \frac{A}{Q} \cdot U \geq 2\sqrt{\frac{Q}{2} \cdot P \cdot \frac{S}{Q} \cdot U}，$$

$$\frac{Q}{2} \cdot P + \frac{S}{Q} \cdot U \geq \sqrt{2SUP}，$$

当 $\dfrac{Q}{2} \cdot P = \dfrac{S}{Q} \cdot U$ 时，等号成立。

即 $Q = \sqrt{\dfrac{2SU}{P}}$ 时，Y 取得最小值为 $\sqrt{2SUP}$。

第四章　自古逢秋悲寂寥，我言函数胜春朝

第一节　问渠哪得清如许，为有源头活水来
——函数概念发展史

1. 早期函数概念——几何观念下的函数

17 世纪伽利略（G. Galileo，1564－1642）在《两门新科学》一书中，几乎全部包含函数或称为变量关系的这一概念，用文字和比例的语言表达函数的关系。1673 年前后笛卡尔（Descartes，1596－1650）在他的解析几何中，已注意到一个变量对另一个变量的依赖关系，但因当时尚未意识到要提炼函数概念，因此直到 17 世纪后期牛顿、莱布尼兹建立微积分时还没有人明确函数的一般意义，大部分函数是被当作曲线来研究的。

1673 年，莱布尼兹首次使用"function"（函数）表示"幂"，后来他用该词表示曲线上点的横坐标、纵坐标、切线长等曲线上点的有关几何量。与此同时，牛顿在微积分的讨论中，使用 "流量"来表示变量间的关系。

2. 18 世纪函数概念——代数观念下的函数

17.18 年约翰·贝努利（Johann Bernoulli，1667－1748）在莱布尼兹函数概念的基础上对函数概念进行了定义："由任一变量和常数的任一形式所构成的量。"他的意思是凡变量 x 和常量构成的式子都叫作 x 的函数，并强调函数要用公式来表示。

1755，欧拉（L. Euler，1707－1783）把函数定义为"如果某些变量，以某一种方式依赖于另一些变量，即当后面这些变量变化时，前面这些变量也随着变化，我们把前面的变量称为后面变量的函数。"

18 世纪中叶，欧拉（L. Euler，1707－1783）给出了定义："一个变量的函数是由这个变量和一些数即常数以任何方式组成的解析表达式。"他把约翰·贝努利给出的函数定义称为解析函数，并进一步把它区分为代数函数和超越函数，还考虑了"随意函数"。不难看出，欧拉给出的函数定义比约翰·贝努利的定义更普遍、更具有广泛意义。

3. 19 世纪函数概念——对应关系下的函数

1821 年，柯西（Cauchy，1789－1857）从定义变量起给出了定义："在某些变数

间存在着一定的关系，当一经给定其中某一变数的值，其他变数的值可随着而确定时，则将最初的变数叫自变量，其他各变数叫作函数。"在柯西的定义中，首先出现了自变量一词，同时指出对函数来说不一定要有解析表达式。不过他仍然认为函数关系可以用多个解析式来表示，这是一个很大的局限。

1822 年，傅里叶（Fourier，1768—1830）发现某些函数也已用曲线表示，也可以用一个式子表示，或用多个式子表示，从而结束了函数概念是否以唯一一个式子表示的争论，把对函数的认识又推进了一个新层次。

1837 年，狄利克雷（Dirichlet，1805－1859）突破了这一局限，认为怎样去建立 x 与 y 之间的关系无关紧要，他拓广了函数概念，指出："对于在某区间上的每一个确定的 x 值，y 都有一个或多个确定的值，那么 y 叫作 x 的函数。"这个定义避免了函数定义中对依赖关系的描述，以清晰的方式被所有数学家接受。这就是人们常说的经典函数定义。

等到康托（Cantor，1845－1918）创立的集合论在数学中占有重要地位之后，维布伦（Veblen，1880－1960）用"集合"和"对应"的概念给出了近代函数定义，通过集合概念把函数的对应关系、定义域及值域进一步具体化了，且打破了"变量是数"的极限，变量可以是数，也可以是其他对象。

4. 现代函数概念——集合论下的函数

1914 年，豪斯道夫（F. Hausdorff）在《集合论纲要》中用不明确的概念"序偶"来定义函数，其避开了意义不明确的"变量""对应"概念。库拉托夫斯基（Kuratowski）于 1921 年用集合概念来定义"序偶"使豪斯道夫的定义很严谨了。

1930 年，新的现代函数定义为"若对集合 M 的任意元素 x，总有集合 N 确定的元素 y 与之对应，则称在集合 M 上定义一个函数，记为 $y = f(x)$。元素 x 称为自变元，元素 y 称为因变元。"

第二节　穿越回古代，邂逅一次函数
——古代的坐标系和一次函数

伏羲是神话传说的中华民族人文始祖，其创造了文字，结束了"结绳记事"的历史，据天地万物的变化创造了占卜八卦，开启了中华民族的文化之源。研究表明，伏羲创立了世界上最早的直角坐标系：两仪、四象与八卦。两仪是指一个数轴，阳爻为正，阴爻为负，阴阳交界处为原点，称之"无极"；四象是由两个坐标轴分成的四个象限；八卦则指空间的八个卦限。

一次函数关系表示最早出现在班昭（约 49—120）所编撰《汉书》之中。班昭是中国有史记载的第一位女数学家。其兄班固（32—92）著写《汉书》，但未完成拟定的八表和《天文志》就去世了。

为完成班固遗愿，汉和帝敦请班昭续写《汉书》、编撰年表。在其中一个年表中，班昭将 2000 多个传说人物和历史人物按照 9 个品德级别进行了排列。她用矩形水平的一边作一轴，来表示时间跨度；用竖直一边作另一轴，表示人物的品德等级，故班昭可谓创立了第一个直角坐标系。按照班昭的人物排列方式，古人的品德等级近似形成一条直线（即一次函数）。

班昭是我国古代四大才女之一，汉和帝曾多次宣召其入宫，并让皇后和贵人们拜其为师，尊称"大家（gū）"。每逢各地贡献珍贵稀奇物品时，汉和帝就邀请班昭作赋赞扬。班昭知识渊博，品德俱优。当时的大学者马融，为请求班昭的指导，曾跪在东观藏书阁外，聆听班昭讲解。班昭去世后，皇太后也为之素服举哀。

然而在西方第一个给出一次函数关系者应是法国数学家奥雷姆（N. Oresme，1320—1382）。此前人们一直认为真理（规律）只有在静止状态下才能总结出来，故而未能用函数图像表示出变量之间的关系。

奥雷姆对变量问题进行了研究。他认为，可测量皆为模拟量，如时间或长度无论如何分割和截取其性质均不会改变。奥雷姆详细分析了匀加速直线运动，他用一条水平直线（相当于横坐标轴）表示时间，直线上每一点代表一个时刻。每个时刻对应着一个速度，该速度可用一条垂直于此点的线段来代表，其长度正比于速度的大小。速度随着时间均匀地增大，故线段长度也均匀增长，其端点构成一条直线（即一次函数）。该直线、水平直线和表示初速度、末速度的线段围成一个梯形。若初速度为 0，则形成三角形时间，其面积就是物体运动在时间内所通过的距离。奥雷姆所应用的方法已接近现代解析几何，这在当时是个了不起的创造。

运动和变化是宇宙的本质特征。整个宇宙不可能是一支训练有素、步伐整齐的行进队伍，因而有些变化难以用一次函数来描述。宇宙是个无限过程，只有用适于一组有限事实的特殊概念，来推测适于全部事实的一般概念，才能真正从有限认识无限，从个别认识一般，从特殊认识普遍。故从线性到非线性，一次函数对数学的发展和认识大自然可谓功绩非凡。

第三节　个中运用不辞劳——一次函数图像的简单用法

1．一次函数定义

一般地，形如 $y = kx + b$（k，b 是常数，$k \neq 0$）的函数，叫作一次函数。一般情况下，一次函数自变量的取值范围是全体实数，函数值的取值范围也是全体实数。实际问题中，自变量的取值范围根据实际问题来确定。

2. 一次函数图像与性质

$y = kx + b$		示意图（草图）	经过的象限	变化趋势	性质（增减性）
$k > 0$	$b = 0$	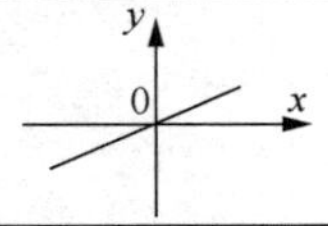	一、三	从左向右上升	y 随 x 的增大而增大，y 随 x 的减小而减小
	$b > 0$	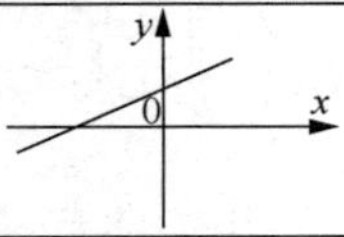	一、二、三		
	$b < 0$	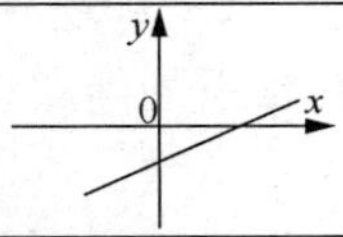	一、三、四		
$k < 0$	$b = 0$	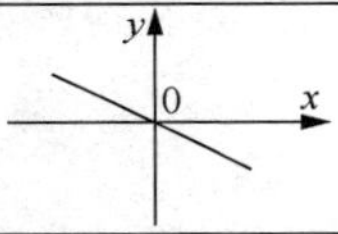	二、四	从左向右下降	y 随 x 的增大而减小，y 随 x 的减小而增大
	$b > 0$	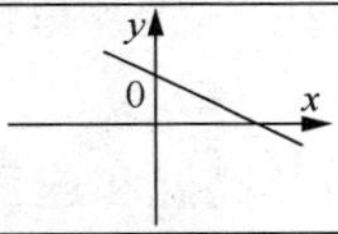	一、二、四		
	$b < 0$	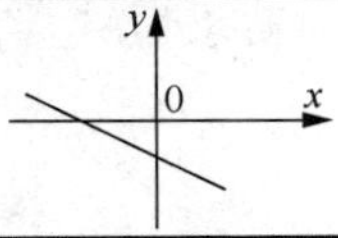	二、三、四		

3. 一次函数的简单应用

函数的图像很直观地反映函数值 y 随自变量 x 的变化而变化的过程，而一次函数的直线反映函数值 y 与自变量 x 之间的一个匀速变化的过程。而直线上的点则直接表现为自变量 x 与函数值 y 之间的一一对应关系。

例 1：小明的父亲饭后出去匀速散步，从家中走 20 分钟到一个离家 900 米的报享看 10 分钟报纸后，用 10 分钟返回家里面，图中能表示小明的父亲离家的时间与距离之间关系的图像是（　　　）

分析：由题干信息，离家距离 y 是离家时间 x 的一次函数，离家 20 分钟时，离家距离为 900 米，在离家 20 分钟后到 30 分钟里，人在看报，时间这一自变量 x 变化了，但距离这一函数值 y 却没变，最后 10 分钟回家，到自变量时间 x 为 40 分钟时，函数

值离家距离 y 为 0，故选 D。

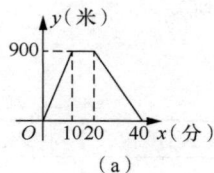

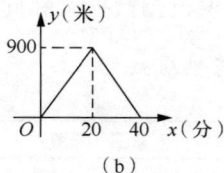

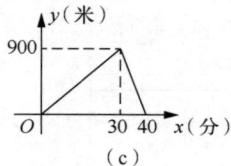

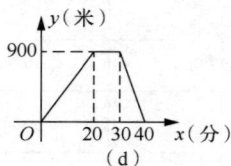

（a）　　　　　　　（b）

（c）　　　　　　　（d）

思考：如图是某出租车单程收费 y（元）与行驶路程 x（千米）之间的函数关系图像，根据图像回答下列问题：

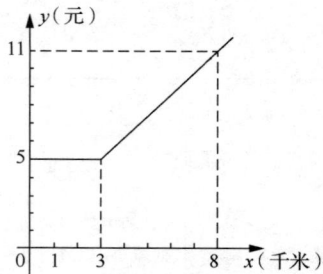

（1）当行驶 8 千米时，收费应为_____元；

（2）从图像上你能获得哪些信息（请写出 2 条）：

①_____；

②_____；

（3）求出收费 y（元）与行使 x（千米）（$x \geqslant 3$）之间的函数关系式。

例 2：由于持续高温和连日无雨，某水库的蓄水量随着时间的增加而减少。干旱持续时间 t（天）与蓄水量 V（万 m³）的关系如图所示，观察图像回答下列问题。

（1）干旱持续 10 天，蓄水量为多少？

（2）蓄水量小于 400 万 m³ 时，将发出严重干旱警报，那么，持续干旱多少天后将发出严重的干旱警报？

（3）按照这个规律，预计持续干旱多少天水库将干涸？

分析：由题意，蓄水量 V 随时间 t 的变化而变化，V 是 t 的一次函数，根据 V 与 t 的对应关系，直接看图，干旱持续 10 天后的蓄水量为 800 万立方米，持续干旱 30 天后将发出严重的干旱警报。第（3）问直接看图看不出，需计算，设

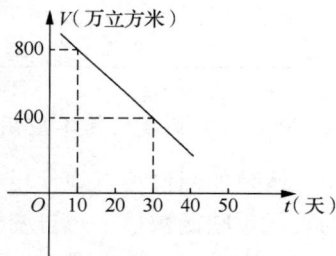

$$V = tk + b$$

将图上两点 $(10, 800)(30, 400)$ 代入解析式，

解方程组得 $k = -20b = 1000$　　所以 $V = -20t + 100$

问题（3）中水库干涸即蓄水量 $V = 0$，将 $V = 0$ 代入解析式解得 $t = 50$。

思考：在一次蜡烛燃烧试验中，甲、乙两根蜡烛燃烧时剩余部分的高度 y（厘米）

与燃烧时间 x（小时）之间的关系如图所示，请根据图像所提供的信息解答下列问题：

（1）甲、乙两根蜡烛燃烧前的高度分别_____，从点燃到燃尽所用的时间分别是_____；（2）分别求甲、乙两根蜡烛燃烧时 y 与 x 之间的函数关系式；（3）燃烧多长时间时，甲、乙两根蜡烛的高度相等（不考虑都燃尽时的情况）在什么事件段内，甲蜡烛比乙蜡烛高在什么时间段内，甲蜡烛比乙蜡烛低？

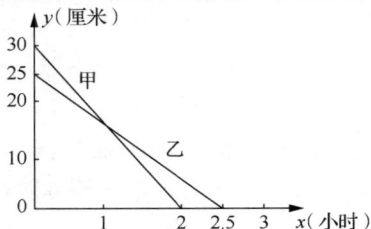

第四节　个中运用不辞劳——二次函数图像性质与图形面积最值问题

1. 二次函数图像性质

我们知道：二次函数 $y = ax^2 + bx + c(a \neq 0)$ 的图像是一条抛物线，其性质如下：

a 的符号	抛物线开口方向	顶点坐标	对称轴	最值和增减性
$a > 0$	向上	$\left(-\dfrac{b}{2a}, \dfrac{4ac-b^2}{4a}\right)$	直线 $x = -\dfrac{b}{2a}$	$x > -\dfrac{b}{2a}$ 时，y 随 x 的增大而增大；$x < -\dfrac{b}{2a}$ 时，y 随 x 的增大而减小；$x = -\dfrac{b}{2a}$ 时，y 有最小值 $\dfrac{4ac-b^2}{4a}$
$a < 0$	向下	$\left(-\dfrac{b}{2a}, \dfrac{4ac-b^2}{4a}\right)$	直线 $x = -\dfrac{b}{2a}$	$x > -\dfrac{b}{2a}$ 时，y 随 x 的增大而减小；$x < -\dfrac{b}{2a}$ 时，y 随 x 的增大而增大；$x = -\dfrac{b}{2a}$ 时，y 有最大值 $\dfrac{4ac-b^2}{4a}$

2. 利用二次函数的性质确定几何图形面积最值

图形面积最值问题，找出函数解析式是关键，我们需要在分析图形的基础上，引入自变量，用含有自变量的代数式表示与所求几何图形相关的量，再根据几何图形的特征列出其面积计算公式，并用函数表示出这个面积，最后将函数化简为二次函数的一般形式。由二次函数一般式，找到顶点坐标，一般情况最值就可以直接写出来了。然而在实际问题中，若自变量的范围不包括二次函数这一抛物线的顶点，则需结合自变量取值范围所在的区间判断函数的增减性，再求最值。

例1：用长 12 米的铁丝围成一个矩形场地，场地一边靠墙，问矩形的长宽各是多少是面积最大?最大时面积为多少?

解：设矩形一边是 x，则矩形另一边是 $12-2x$，则：

$$S = x(12-2x)(0<x<6)$$
$$= -2(x-3)^2 + 18$$

则当 $x=3$ 时，S 取得最大值。

则当矩形两边是 3 和 6 时，面积最大，最大面积是 18 平方米。

思考：用长为 12 米的篱笆围成一个一面靠墙的矩形养鸡场，问矩形的长和宽各为多少时才能使养鸡场的面积最大?最大的面积是多少?

例 2：在青岛市开展的创城活动中，某居民小区要在一块一边靠墙（墙长 15m）的空地上修建一个矩形花园 $ABCD$，花园的一边靠墙，另三边用总长为 40m 的栅栏围成。若设花园的 BC 边长为 x（m），花园的面积为 y（m^2）。

（1）求 y 与 x 之间的函数关系式，并写出自变量 x 的取值范围；

（2）满足条件的花园面积能达到 200 m^2 吗？若能，求出此时 x 的值；若不能，说明理由；

（3）根据（1）中求得的函数关系式，描述其图像的变化趋势；并结合题意判断当 x 取何值时，花园的面积最大？最大面积为多少？

解：（1）根据题意得 $y = x\dfrac{(40-x)}{2}$，

$\therefore y = -\dfrac{1}{2}x^2 + 20x \ (0<x\leqslant15)$

（2）当 $y=200$ 时，

即 $-\dfrac{1}{2}x^2 + 20x = 200$

$\therefore x^2 - 40x + 400 = 0$

解得 $x = 20 > 15$

$\because 0 < x \leqslant 15$，

$\therefore$ 此花园的面积不能达到 200m^2。

（3）$y = -\dfrac{1}{2}x^2 + 20x$ 的图像是开口向下的抛物线，对称轴为 $x=20$。

$\therefore$ 当 $0 < x \leqslant 15$ 时，y 随 x 的增大而增大。

$\therefore$ 当 $x=15$ 时，y 有最大值，$y_{最大值} = -\dfrac{1}{2} \times 15^2 + 20 \times 15 = 187.5$，

即当 $x=15$ 时，花园面积最大，最大面积为 187.5m^2。

思考题：用一段长为 20 米的篱笆围成一个一边靠墙的矩形菜园，墙长为 12 米，这个矩形的长宽各为多少时，菜园的面积最大，最大面积是多少?

　　求图形面积的最值，即就是给定范围的二次函数的最值，在得到面积的二次函数一般式后，第一步，由 $a>0$ 或 $a<0$ 确定抛物线的开口方向；第二步，由 $x=-\dfrac{b}{2a}$，找出对称轴的值；第三步，若定义域的范围包含对称轴的值，则直接代入求最值，该值就在顶点处；若若定义域的范围不包含对称轴的值，则结合图形，由单调性找出极值点。

第五节　个中运用不辞劳——幂函数图像与应用

1. 幂函数定义

　　一般地，函数 $y=x^k$（k 为常数，$k\in Q$）叫作幂函数，定义域与 k 的值有关。

2. 幂函数图形特征

　　在 $(0,1)$ 上，幂函数中指数越大，函数图像越靠近 x 轴（简记为"指大图低"），在（1，$+\infty$）上，幂函数中指数越大，函数图像越远离 x 轴。幂函数的图像一定会出现在第一象限内，一定不会出现在第四象限内，至于是否出现在第二、三象限内，要看函数的奇偶性；幂函数的图像最多只能同时出现在两个象限内；如果幂函数的图像与坐标轴相交，则交点一定是原点。

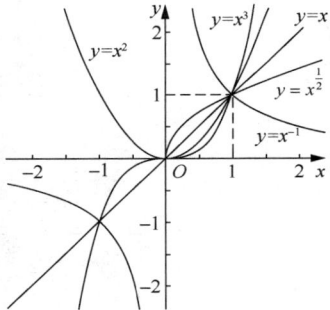

3. 幂函数在银行的复利计算

　　例：按复利计算利率的一种储蓄，本金为 a 元，每期利率为 r，设本利和为 y，存期为 x，写出本利和 y 随存期 x 变化的函数。如果存入本金 1000 元，每期利率为 2.25%，试计算 5 期后的本利和是多少？（精确到 0.01 元）

　　解析：复利是一种计算利息的方法，即把前一期的利息和本金加在一起做本金，再计算下一期的利息。

　　已知本金是 a 元，一期后的本利和为 $y_1=a(1+r)$；二期后的本利和为 $y_2=a(1+r)^2$；三期后的本利和为 $y_3=a(1+r)^3$；……

　　x 期后的本利和为 $y=a(1+r)^x$。

　　将 $a=1000$ 元，$r=2.25\%$，$x=5$ 代入上式得：$y=1000(1+2.25\%)^5\approx1117.68$ （计算器算出）

　　答：复利函数式为 $y=a(1+r)^x$，5 期后得本利和为 1117.68 元。

在实际问题中，常常遇到有关平均增长率的问题，如果原产值为 N，平均增长率为 p，则对于时间 x 的总产值或总产量 y，就可以用公式 $y = N(1 + p)^x$ 表示，解决平均增长率问题，就需要用这个函数式。

第六节　个中运用不辞劳——函数图像在各个领域中的运用

在确定的范围内，对应于每一个自变量，都有一个唯一的取值。在生活中，对应于每一个确定的时间，都有一个唯一的温度值，那么温度就可以表示为时间的函数。然而温度函数用数学表达式比较麻烦，于是就有了温度曲线。

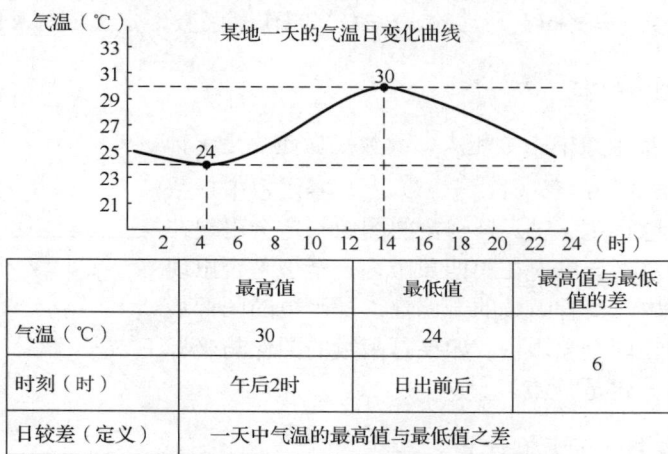

	最高值	最低值	最高值与最低值的差
气温（℃）	30	24	6
时刻（时）	午后2时	日出前后	
日较差（定义）	一天中气温的最高值与最低值之差		

同样，在每一天，每一个确定的时间，每个人都有一个唯一的心跳值，人的心率随时间的变化而变化，所以心率是时间的函数，这个函数的变化用数学式子难以表达，所以就出现了心电图。

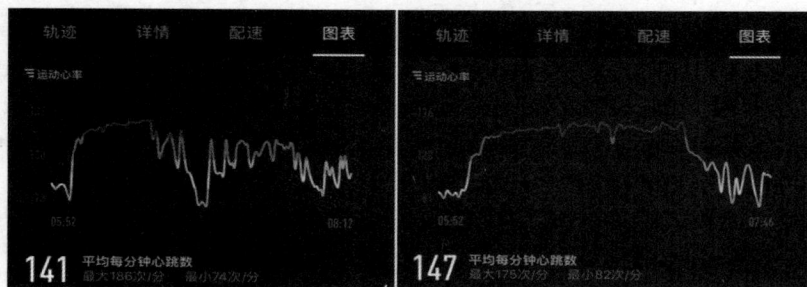

心形线，是一个圆上的固定一点在它绕着与其相切且半径相同的另外一个圆周滚动时所形成的轨迹，因其形状像心形而得名。 它是传达爱情的爱心函数。

传说，当年 52 岁的笛卡尔邂逅了 18 岁的瑞典公主克里斯汀。格里斯汀对数学有着深厚的兴趣，而笛卡尔的数学天赋，使格里斯汀着迷，于是笛卡尔被国王招进宫里，做了格里斯汀的数学老师，很快两人陷入了爱河。国王闻讯，把笛卡尔放逐，格里斯汀也被软禁，外放的笛卡尔不幸感染了黑死病，他万分思念格里斯汀，坚持给她写信，这些信件却被国王拦截了。笛卡尔在给克里斯汀寄出第十三封信后就气绝身亡了，这第十三封信内容只有短短的一个公式：$r = a(1 - \sin\theta)$。国王看不懂，全城的数学家也没人能解开，只好把它给了格里斯汀。公主看到后，立即明了恋人的意图，她马上着手把方程的图形画出来，看到图形，她开心极了，她知道恋人仍然爱着她，原来方程的图形是一颗心的形状。这也就是著名的"心形线"。

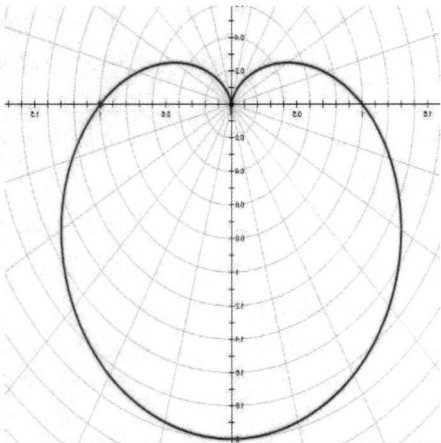

第七节　个中运用不辞劳——函数与方程思想

1. 函数思想的实质

用联系及变化的观点提出（数学对象）—抽象（数量特征）—建立（函数关系）。方程思想的实质：在解决数学问题时设定（未知数）—根据关系列（方程）—求（未知数）。函数与方程虽然是两个不同的概念，但它们之间有着密切的联系，若一个函数有解析式 $y = f(x)$，当 $y = 0$ 时，就可以转化为方程 $f(x) = 0$，也可以把函数的解析式 $y = f(x)$ 看成是一个二元方程 $y - f(x) = 0$；反之，一个二元方程中两个变量间存在着对应关系，若这个对应关系是函数。则这个方程就可以看成是一个函数。函数与方程这种相互转化的关系十分重要，它们之间互相渗透，很多方程的问题需要用函数的知识和方法去解决，很多函数问题也需要方程的知识和方法的支援，函数与方程之间的辩证关系形成了函数与方程思想。

函数与方程思想就是用函数及方程的观点和方法处理变量或者未知数之间的关系，进而解决问题的思维方式。就中学数学而言，函数思想在解题中的应用主要表现在两个方面：

（1）借助有关初等函数的性质，解有关求值、解（证）不等式、解方程以及讨论参数的取值范围等问题；

（2）在问题的研究中，通过建立函数关系式或构造中间函数，把所研究的问题转化为讨论函数的有关性质，达到化难为易，化繁为简的目的，许多有关方程的问题可以用函数的方法解决。反之，许多函数问题也可以用方程的方法来解决。

函数与方程的思想是中学数学的基本思想，也是历年高考的重点，几乎渗透于高中数学的各大知识板块之中，在高考试卷中，体现函数与方程思想的试题所占比重较大，且综合知识多、题型多、应用技巧多，函数与方程思想在函数与导数数列、不等式、解析几何、立体几何等问题中有着广泛的应用。函数思想是动态的，方程思想是静态的。

运用函数与方程思想解题的原则如下。

（1）简洁性原则：建立函数关系或构造函数、建立方程（方程组），应该合理简洁，切忌将问题变得烦琐复杂。

（2）等价性原则：建立函数关系或构造函数、建立方程（方程组），应当和原问题等价，如果不等价，则必须对其进行调整，使之与原问题一致。

2. 函数与方程思想的应用

例1：求圆 $x^2 + y^2 = 1$ 与圆 $x^2 + y^2 - 2x - y = 3$ 交点弦所在的直线方程。

分析：点在函数图像上，点满足函数方程，反之亦然。

解：设交点分别为 $p(x_1, y_1)$，$q(x_2, y_2)$，由于 p 为两圆的公共点，得：

$$\begin{cases} x_1^2 + y_1^2 = 1, & (1) \\ x_1^2 + y_1^2 - 2x_1 - y_1 = 3 & (2) \end{cases}$$

将（1）–（2）得 $2x_1 + y_1 = -2$

同理，q 亦为两圆的公共点，故亦有 $2x_2 + y_2 = -2$

从而可知，p 与 q 两点均满足方程 $2x + y = -2$ 换言之，该直线过 p 与 q 两点，该方程即为焦点弦所在的直线方程。

例2：某种商品原来定价每件 p 元，每月将卖出 n 件，假若定价上涨 x 成（这里 x 成即 $\frac{x}{10}$，$0 < x \leqslant 10$），每月卖出数量将减少 y 成，而售货金额变成原来的 z 倍，若 $y = ax$，其中 a 是满足 $\frac{1}{3} \leqslant a < 1$ 的常数，用 a 来表示当售货金额最大时的 x 的值。

分析：变化后的售货金额等于变化前的售货金额的 z 倍。建立方程，由方程再到函数。

解：由题意知某商店定价上涨 x 成时，上涨后的定价、每月卖出数量、每月售货金额分别是：$p(1 + \frac{x}{10})$ 元，$n(1 + \frac{y}{10})$ 元，npz 元，

因而 $npz = p(1 + \frac{x}{10}) \cdot n(1 - \frac{y}{10})$，

$\therefore z = \dfrac{1}{100}(10+x)(10-y)$，在 $y = ax$ 的条件下，

$z = \dfrac{1}{100}[-a(x-\dfrac{5(1-a)}{a})^2 + 100 + \dfrac{25(1-a)^2}{a}]$，

由于 $\dfrac{1}{3} \leqslant a < 1$，则 $0 < \dfrac{5(1-a)}{a} \leqslant 10$，

要使售货金额最大，即使 z 值最大，此时 $x = \dfrac{5(1-a)}{a}$

第八节 个中运用不辞劳——日常生活中的函数问题

众所周知数学的产生最早来自于人们最基本的生活方式，遍布衣、食、住、行等各方面。随着人类文明不断进步，经济等社会各方面全方面，数学生活化，生活数学化越来越明显。现在的社会发展越来越需要人们掌握和运用的数学知识、思想和方法，去解决生活实际当中一些问题。

函数是很多人最怕的数学知识之一，难学，逻辑性非常强，而且还会用到数形结合等数学思想。在日常生活中，我们已经离不开函数，如出租车、火车站、加油站、电信局等，都需要运用函数知识去解决大量问题；在物理、化学、生物、地理等学科中，函数也起着重要作用。

函数最大特点就是研究变量之间的关系，恰恰我们生活的世界就是一个变化多端的世界，这些都可以通过建立变量关系，用函数模型来解决。同时函数思想是研究问题的重要思想，也是一种重要观念，今天我们就来讲讲一些，在生活各方面中蕴含函数思想的实际例子。

生活例子 1：

"世界那么大，我想去看看"一句话红遍网络，骑自行车旅行越来越受到人们的喜爱，各种品牌的山地自行车相继投放市场。顺风车行经营的 A 型车 2015 年 6 月份销售总额为 3.2 万元，今年经过改造升级后 A 型车每辆销售价比去年增加 400 元，若今年 6 月份与去年 6 月份卖出的 A 型车数量相同，则今年 6 月份 A 型车销售总额将比去年 6 月份销售总额增加 25%。

（1）求今年 6 月份 A 型车每辆销售价多少元。

（2）该车行计划 7 月份新进一批 A 型车和 B 型车共 50 辆，且 B 型车的进货数量不超过 A 型车数量的两倍，应如何进货才能使这批车获利最多？

A、B 两种型号车的进货和销售价格如表：

	A 型车	B 型车
进货价格（元/辆）	1100	1400
销售价格（元/辆）	今年的销售价格	2400

说明：这一例子将方程与函数结合，构建一次函数，利用函数性质求最值，是基本的初等函数，具备一次函数函数知识即可解决，是中学常见问题。

生活例子 2：

某数学兴趣小组经过市场调查整理出某种商品在第 x 天（$1 \leqslant x \leqslant 90$，且 x 为整数）的售价与销售量的相关信息如下。已知商品的进价为 30 元/件，设该商品的售价为 y（单位：元/件），每天的销售量为 p（单位：件），每天的销售利润为 w（单位：元）。

时间 x（天）	1	30	60	90
每天销售量 p（件）	198	140	80	20

（1）求出 w 与 x 的函数关系式；

（2）问销售该商品第几天时，当天的销售利润最大？并求出最大利润；

（3）该商品的销售过程中，共有多少天每天的销售利润不低于 5600 元？请直接写出结果。

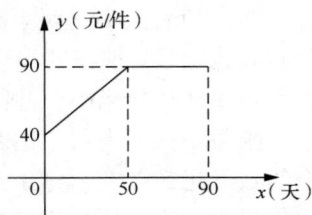

说明：本题反映的背景是销售商品获取利润，一般来说利润问题涉及商品销售单价，售出数量，成本等，而且售出数量随单价的变化而变化，但本应用的售出数量却是随销售天数在变，是一次函数，利润与天数则成二次函数，本题将二次函数与不等式结合，用二次函数性质处理，职高的学生能处理，同时利润问题也是中职高考的热点。

生活例子 3：

根据卫生防疫部门要求，游泳池必须定期换水，清洗。某游泳池周五早上 8:00 打开排水孔开始排水，排水孔的排水速度保持不变，期间因清洗游泳池需要暂停排水，游泳池的水在 11:30 全部排完。游泳池内的水量 $Q(\text{m}^3)$ 和开始排水后的时间 $t(\text{h})$ 之间的函数图像如图所示，根据图像解答下列问题：

（1）暂停排水需要多少时间？排水孔排水速度是多少？

（2）当 $2 \leqslant t \leqslant 3.5$ 时，求 Q 关于 t 的函数表达式。

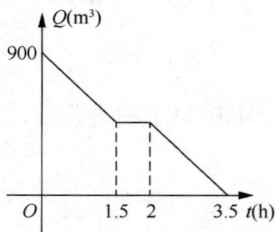

说明：泳池排水问题，排水量随时间的变化而变化，是一次函数；暂停排水时，游泳池内的水量 Q 保持不变，图像为平行于横轴的一条线段，由此得出暂停排水需要的时间；由图像可知，该游泳池 3 个小时排水 900（m^3），根据速度公式求出排水速度，结合图像找出特殊点（3.5，0）（2，450）在直线上，

然后利用待定系数法求出函数关系式。

数学知识已经深入我们衣、食、住、行各方面的用途，因此，数学学习我们一定不能忽视数学应用性，学习过程要联系实际，增强实践力。

第九节　个中运用不辞劳——艾宾浩斯遗忘曲线

众所周知，艾宾浩斯遗忘曲线是学习记忆过程中非常著名的一条法则。但是许多老师只是听说，不甚了解。所以今天就给大家科普一下：艾宾浩斯遗忘曲线。

赫尔曼·艾宾浩斯（Hermann Ebbinghaus，1850.01.24—1909.02.26），德国实验心理学家，实验学习心理学的创始人，也是最早采用实验方法研究人类高级心理过程的心理学家。

艾宾浩斯在1885年发表了他的实验报告，首先，实验者记忆100个生单词，然后结果如下：

时间间隔	记忆量
刚刚记忆完毕	100%
20分钟之后	58.2%
1小时之后	41.2%
8～9小时之后	35.8%
1天后	33.7%
2天后	27.8%
8天后	25.4%
1个月后	21.1%

然后，艾宾浩斯又根据了这些点描绘出了一条曲线，这就是非常有名的揭示遗忘规律的曲线：艾宾浩斯遗忘曲线，图中竖轴表示学习中记住的知识数量，横轴表示时间（天数），曲线表示记忆量变化的规律。

这条曲线告诉人们在学习中的遗忘是有规律的，遗忘的进程很快，并且先快后慢。观察曲线，你会发现，学得的知识在1天后，如不抓紧复习，就只剩下原来的25%。随着时间的推移，遗忘的速度减慢，遗忘的数量也就减少。

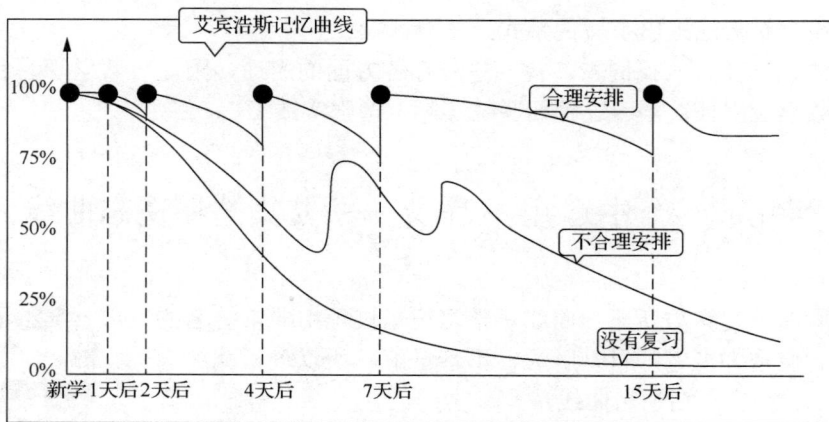

下面给出复习建议：

人的记忆周期分为短期记忆和长期记忆两种。

第一个记忆周期是 5 分钟

第二个记忆周期是 30 分钟

第三个记忆周期是 12 小时

这三个记忆周期属于短期记忆的范畴。

下面是几个比较重要的周期。

第四个记忆周期是 1 天

第五个记忆周期是 2 天

第六个记忆周期是 4 天

第七个记忆周期是 7 天

第八个记忆周期是 15 天

以上的 8 个周期应用于背词法，作为一个大的背词的循环的 8 个复习点，可以最大程度的提高背单词的效率。

第十节　无情数字多情诗——当古诗词遇上数字

常言道："文理不分家"，那么文理相碰，会擦出怎样的火花呢？古诗词作为中华民族的瑰宝，在"文"中扮演重要角色；而数字乃是"理"之根本，二者相碰又会有怎样的火花呢？我们一同来感受一下吧。

我们先来看看清朝郑板桥的《咏竹》："一二三枝竹竿，四五六片竹叶。自然淡淡疏疏，何必重重叠叠。"这首诗只用了简简单单的几个数字，却写尽了竹子的风姿神韵，而他的另一首诗作《咏雪》："一片两片三四片，五六七八九十片，千片万片无数片，飞入梅花总不见。"全诗几乎都是由数字堆砌起来的，运用数字之多却丝毫没有累赘之嫌，读起来使人宛如置身于广袤天地大雪纷飞之中，但一见寒梅傲立霜雪，斗寒吐妍，雪花融入梅花，而人也融入此景之中，流连忘返。

运用数字出神入化的还有北宋诗人邵雍。邵雍的《山村咏怀》："一去二三里，烟村四五家。亭台六七座，八九十枝花。"这里面就用了十个数字，而这些数字与量词搭配，又与小路、烟村、亭台、花这些事物编织在一起，随着诗句和画面自然排列。诗人只用了寥寥数笔，就构成了一幅自然朴实而又朦胧的山村风景图，读起来不仅朗朗上口，所描绘出来的景象更是让人心旷神怡。

郑板桥和邵雍对于数字的运用已是出神入化，但我觉得卓文君对于数字的运用，则是更上一层。卓文君的夫君司马相如想要休妻，就给卓文君写了一封信，内容很简单，就是"一二三四五六七八九十百千万"，却无意。卓文君悟出了其中寓意，巧妙地运用数字给司马相如回了一首《数字诗》，来阐述了自己对司马相如的相思之情。她是这样写的"一别之后，两地相思，说的是三四月，却谁知是五六年。七弦琴无心弹，八行书无可传。九连环从中折断，十里长亭望眼欲穿。百思想，千系念，万般无奈把郎怨恨。万语千言道不尽，百般无赖十凭栏。重九登高看孤雁，八月中秋月圆人不圆。七月半烧香秉烛问苍天，六月人人摇扇我心寒。五月榴花如火偏遇阵阵冷雨浇，四月枇杷未黄，我欲对镜心意乱。三月桃花随流水，二月风筝线儿断。噫！巴不得下一世你为女来我为男。"司马相如读后深受感动，放弃了休妻的念头。你看，当古诗词遇到数字时，是可以擦出火花的，而这一次是擦出了爱情的火花啊。

当古诗词与数字相遇后，原本冰冷无情数字也变得多情了。看来古诗词和数字也可以是绝配呢！

第五章　指数对数相辉映，立方平方看对称

第一节　指数与对数在中国的演变

指数在中国古代的算术中最早叫作阶数，意为与底数不在同一位置，在其上方如同台阶一般。到了唐宋整理时，因为阶数有了表示阶乘数的含义，故将之用其通假字"借数"表示。但"底数"的名称一直没有改变，其结果称为"幂"也没有改变。"借数"这个名字一直用到1916年，由于当时人们以及激进的媒体，常常以这个名字来讥讽和暗指北洋军阀对外借款，所以袁世凯去世后，1918年的教科书中，将这个名字改成了"指数"，一直沿用至今。所以，"指数"中的"指"，是由"暗指"这个词演化而来。

《数理精蕴》于康熙五十二年（1713年）六月始编，是清代整理的一套大规模数学文献书，康熙六十一年（1722年）告成，雍正元年（1723年）十月刻成，该书属于《律历渊源》100卷的第三部分。其中目录依次分为：（部）、卷、原、（本）、章（加括号意味着有的没有这一级目录，直接过渡到下一级目录），因为目录中有了"原"这一级，导致原来的叫法越级，而再称原数，觉得不太合理，于是根据《梦溪笔谈•象数一》中"予占天候景，以至验于仪象，考数下漏，凡十余年，方粗见真数"，这句话中的"真数"拿来应用，将之界定为"以借数与真数对列成表，故名对数表"。自此，才有了真数与对数的名称。

我国清代的数学家戴煦（1805—1860）发展了多种求对数的捷法，著有《对数简法》（1845）、《续对数简法》（1846）等。根据对数运算原理，人们还发明了对数计算尺。300多年来，对数计算尺一直是科学工作者，特别是工程技术人员必备的计算工具，直到20世纪70年代才让位给电子计算器。尽管作为一种计算工具，对数计算尺、对数表都不再重要了，但是，对数的思想方法却仍然具有生命力。

1648年，波兰传教士穆尼斯把对数传到中国。最早传入我国的对数著作是《比例与对数》，它是由波兰的穆尼斯（1611—1656）和我国的薛凤祚在17世纪中叶合编而成的。当时在lg2=0.3010中，2叫"真数"，0.3010叫作"假数"，真数与假数对列成表，故称对数表。后来改"假数"为"对数"。

第二节　对数的前世今生

　　对数的基本思想可以追溯到古希腊时代。早在公元前 500 年，阿基米德就研究过几个 10 的连乘积与 10 的个数之间的关系，用现在的表达形式来说，就是研究了这样两个数列：1，10，10^2，10^3，10^4，10^5，……；0，1，2，3，4，5，……。他发现了它们之间有某种对应关系。利用这种对应可以用第二个数列的加减关系来代替第一个数列的乘除关系。阿基米德虽然发现了这一规律，但他却没有把这项工作继续下去，失去了对数破土而出的机会。

　　2000 年后，一位德国数学家对对数的产生作出了实质性贡献，他就是史蒂非。1514 年，史蒂非重新研究了阿基米德的发现，他写出两个数列：0，1，2，3，4，5，6，7，8，9，10，11，……；1，2，4，8，16，32，64，128，256，512，1024，2048，……。他发现，上一排数之间的加、减运算结果与下一排数之间的乘、除运算结果有一种对应关系，例如，上一排中的两个数 2、5 之和为 7，下一排对应的两个数 4、32 之积 128 正好就是 2 的 7 次方。实际上，用后来的话说，下一列数以 2 为底的对数就是上一列数，并且史蒂非还知道，下一列数的乘法、除法运算，可以转化为上一列数的加法、减法运算。就在史蒂非悉心研究这一发现的时候，他遇到了困难。由于当时指数概念尚未完善，分数指数还没有认识，面对像 17×63，1025÷33 等情况就感到束手无策了。在这种情况下，史蒂非无法继续深入研究下去，只好停止了这一工作。但他的发现为对数的产生奠定了基础。

　　对数符号 log 出自拉丁文 logarithm，最早由意大利数学家卡瓦列里（Cavalieri）所使用。20 世纪初，形成了对数的现代表示。16、17 世纪之交，随着天文、航海、工程、贸易以及军事的发展，改进数字计算方法成了当务之急。约翰•纳皮尔（J. Napier，1550—1617）正是在研究天文学的过程中，为了简化其中的计算而发明了对数。

　　对数发明之前，人们对三角运算中将三角函数的积化为三角函数的和或差的方法已很熟悉，而且德国数学家斯蒂弗尔（M. Stifel，约 1487—1567）在《综合算术》（1544 年）中阐述了一种如下所示的一种对应关系：$[r^0, r^1, r^2, r^3, r^4] \rightarrow [0,1,2,3,4]$。

　　该关系可被归纳为 $(r^n \rightarrow n)$，同时该种关系之间存在的运算性质（即上面一行数字的乘、除、乘方、开方对应于下面一行数字的加、减、乘、除）也已广为人知。经过对运算体系的多年研究，纳皮尔在 1614 年出版了《奇妙的对数定律说明书》，书中借助运动学，用几何术语阐述了对数方法。

　　将对数加以改造使之广泛流传的是纳皮尔的朋友布里格斯（H. Briggs，1561—1631），他通过研究《奇妙的对数定律说明书》，感到其中的对数用起来很不方便，于是与纳皮尔商定，使 1 的对数为 0，10 的对数为 1，这样就得到了以 10 为底的常用对数。由于所用的数系是十进制，因此它在数值上计算具有优越性。1624 年，布里格斯出版了《对数算术》，公布了以 10 为底包含 1 到 20000 及 90000 到 100000 的 14 位常用对数表。

1620 年，哥莱斯哈姆学院教授甘特试作了对数尺。当时，人们并没有把对数定义为幂指数，直到 17 世纪末才有人认识到对数可以这样来定义。1742 年，威廉斯把对数定义为指数并进行系统叙述。现在人们定义对数时，都借助于指数，并由指数的运算法则推导出对数运算法则。可在数学发展史上，对数的发现却早于指数，这是数学史上的珍闻。

解析几何与微积分出现以后，人们在研究曲线下的面积时，发现了面积与对数的联系。比如，圣文森特的格雷果里在研究双曲线 $xy=1$ 下的面积时，发现面积函数很像一个对数，后来他的学生沙拉萨第一个把面积解释为对数。但当时并没有认识到对数和双曲线下面积之间的确切关系，更没有认识到自然对数就是以 e 为底的对数。

从对数的发明过程可以看到，社会生产、科学技术的需要是数学发展的主要动力。建立对数与指数之间的联系的过程表明，使用较好的符号体系对于数学的发展是至关重要的。实际上，好的数学符号能够大大地节省人的思维负担。数学家们对数学符号体系的发展与完善作出了长期而艰苦的努力。

第三节　自然对数底 e 的由来

对数产生于 17 世纪初叶，为了适应航海事业的发展，需要确定航程和船舶的位置，为了适应天文事业的发展，需要处理观测行星运动的数据，对数的创始人是苏格兰数学家纳皮尔（Napier，1550—1617）。他发明了供天文计算作参考的对数，并于 1614 年在爱丁堡出版了《奇妙的对数定律说明书》，就是为了解决很多位数的数字繁杂的计算而产生了对数。恩格斯曾把对数的发明与解析几何学的产生、微积分学的创始并称为 17 世纪数学的三大成就。今天随着计算器的普及和电子计算机的广泛使用以及航天航海技术的不断进步，利用对数进行大数的计算功能的历史使命已基本完成，已被新的运算工具所取代。

从 1614 年开始才有对数概念，约翰·纳皮尔以及约斯特·比尔吉（Jost Bürgi）在 6 年后分别发表了独立编制的对数表，当时通过对接近 1 的底数的大量乘幂运算，来找到指定范围和精度的对数和所对应的真数，当时还没出现有理数幂的概念。1742 年，威廉·琼斯（William Jones）才发表了幂指数概念。按后来人的观点，约斯特·比尔吉的底数 1.0001 相当接近自然对数的底数 e，而约翰·纳皮尔的底数 0.99999999 相当接近 1/e。实际上不需要做开高次方这种艰难运算，约翰·纳皮尔用了 20 年时间进行相当于数百万次乘法的计算，亨利·布里格斯（Henry Briggs）建议纳皮尔改用 10 为底数未果，他用自己的方法于 1624 年部分完成了常用对数表的编制。

1649 年，阿尔方斯·安东尼奥·德萨拉萨（Alphonse Antonio de Sarasa）将双曲线下的面积解释为对数。大约 1665 年，伊萨克·牛顿推广了二项式定理，他将 $\dfrac{1}{1+x}$ 展开并逐项积分，得到了自然对数的无穷级数。"自然对数"最早描述见于尼古拉斯·麦卡托在 1668 年出版的著作 *Logarithmotechnia* 中，他也独立发现了同样的级数，即自然对数的麦卡托级数。大约 1730 年，欧拉定义互为逆函数的指数函数和自然对数.

在物理学，生物学等自然科学中有重要的意义，一般不使用以 10 为底数的对数。以 e 为底数，许多式子都能得到简化，用它是最"自然"的，所以叫"自然对数"。如果底数是以 e 为底的对数，我们称之为自然对数，并且自然对数的底 e=2.71828……是一个无理数。除此之外，我们知道甚少，e 似乎是来自纯数学的一个问题。事实上，对于自然对数的底 e 是有其生活原型的。

第四节　天文学家的狂欢

15—16 世纪，天文学得到了较快的发展。为了计算星球的轨道和研究星球之间的位置关系，需要对很多的数据进行乘、除、乘方和开方运算。由于数字太大，为了得到一个结果，常常需要运算几个月的时间。繁难的计算苦恼着科学家，能否找到一种简便的计算方法？数学家们在探索、在思考。如果能用简单的加减运算来代替复杂的乘除运算那就太好了！这一梦想终于被英国数学家纳皮尔实现了。

自古以来，人们的日常生活和所从事的许多领域，都离不开数值计算，并且随着人类社会的进步，对计算的速度和精确程度的需要愈来愈高，这就促进了计算技术的不断发展。印度阿拉伯记数法、十进小数和对数是文艺复兴时期计算技术的三大发明，它们是近代数学得以产生和发展的重要条件。其中对数的发现，曾被 18 世纪法国大数学家、天文学家拉普拉斯评价为"用缩短计算时间延长了天文学家的寿命"。

对数的出现引起了很大的反响，不到一个世纪，几乎传遍世界，成为不可缺少的计算工具。其简便算法，对当时的世界贸易和天文学中大量繁难计算的简化，起了重要作用，尤其是天文学家几乎是以狂喜的心情来接受这一发现的。在计算机出现以前，对数是十分重要的简便计算技术，曾得到广泛的应用。对数计算尺几乎成了工程技术人员、科研工作者离不了的计算工具。直到 20 世纪发明了计算机后，对数的作用才为之所替代。但是，经过几代数学家的耕耘，对数的意义不再仅仅是一种计算技术，而且找到了它与许多数学领域之间千丝万缕的联系，对数作为数学的一个基础内容，表现出极其广泛的应用。

1971年，尼加拉瓜发行了一套邮票，尊崇世界上"十个最重要的数学公式"。每张邮票以显著位置标出一个公式并配以例证，其反面还用西班牙文对公式的重要性作简短说明。有一张邮票是显示纳皮尔发现的对数。

对数的发明是数学史上的重大事件，天文学界更是以近乎狂喜的心情迎接这一发明。恩格斯曾经把对数的发明和解析几何的创始、微积分的建立称为17世纪数学的三大成就，伽利略也说过："给我空间、时间及对数，我就可以创造一个宇宙。"

第五节　纳皮尔的奇妙之旅——对数

纳皮尔于1550年生于苏格兰的爱丁堡。他家是苏格兰的贵族，他13岁入圣安德卢斯大学学习，后来留学欧洲，1571年回到家乡。纳皮尔是一位地主，他曾在自己的田地里进行肥料施肥试验，研究过饲料的配合，还设计制造过抽水机。他的兴趣十分广泛，一方面热衷于政治和宗教斗争，一方面投身于数学研究。他在球面三角学的研究中有一系列突出的成果。

纳皮尔研究对数的最初目的，就是为了简化天文问题的球面三角的计算，他也是受了等比数列的项和等差数列的项之间的对应关系的启发。纳皮尔在两组数中建立了这样一种对应关系：当第一组数按等差数列增加时，第二组数按等比数列减少。于是，后一组数中每两个数之间的乘积关系与前一组数中对应的两个数的和，建立起了一种简单的关系，从而可以将乘法归结为加法运算。

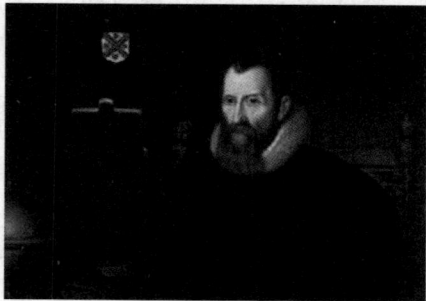

在此基础上，纳皮尔借助运动概念与连续的几何量的结合继续研究。纳皮尔画了两条线段，设 AB 是一条定线段，CD 是给定的射线，令点 P 从 A 出发，沿 AB 变速运动，速度跟它与 B 的距离成比例地递减。同时，令点 Q 从 C 出发，沿 CD 作匀速运动，速度等于 P 出发时的值，纳皮尔发现此时 P、Q 运动距离有种对应关系，他就把可变动的距离 CQ 称为距离 PB 的对数。当时，还没有完善的指数概念，也没有指数符号，因而实际上也没有"底"的概念，他把对数称为人造的数。对数这个词是纳皮尔创造的，原意为"比的数"。

纳皮尔筹是一种能简化计算的工具，又叫"纳皮尔计算尺"。它由10根木条组成，每根木条上都刻有数码，右边第一根木条是固定的，其余的都可根据计算的需要进行拼合或调换位置纳皮尔筹可以用加法和一位数乘法代替多位数的乘法，也可以用除数为一位数的除法和减法代替多位数除法，从而简化了计算。

纳皮尔筹的计算原理是"格子乘法"。例如，要计算 934×314，先画出长宽各 3 格的方格，并画上斜线；在方格上方标上 9，3，4，右方标上 3，1，4；把上方的各个数字与右边各个数字分别相乘，乘得的结果填入格子里；最后，从右下角开始依次把三角形格中各数字按斜线相加，必要时进位，便得到积 293276。

纳皮尔筹只不过是把格子乘法里填格子的任务事先做好而已。需要哪几个数字时，就将刻有这些数字的木条按格子乘法的形式拼合在一起。

纳皮尔筹也传到过中国，北京故宫博物院里至今还有珍藏品。他研究对数用了 20 多年时间，1614 年，他出版了名为《奇妙的对数定理说明书》的著作，发表了他关于对数的讨论，并包含了一个正弦对数表。

有趣的是同一时刻瑞士的一个钟表匠比尔吉也独立发现了对数，他用了 8 年时间编出了世界上最早的对数表，但他长期不发表它。直到 1620 年，在开普勒的恳求下才发表出来，这时纳皮尔的对数已闻名全欧洲了。

第六节　自然对数底 e 的巧妙

在历史上，自然对数的底 e 与曾一个商人借钱的利息有关。

过去，有个商人向财主借钱，财主的条件是每借 1 元，一年后利息是 1 元，即连本带利还 2 元，年利率 100%。利息好多喔！财主好高兴。财主想，半年的利率为 50%，利息是 1.5 元，一年后还 1.5^2=2.25 元。半年结一次账，利息比原来要多。财主又想，如果一年结 3 次，4 次，……，365 次，……，岂不发财了？

财主算了算，结算 3 次，利率为 $\frac{1}{3}$，1 元钱一年到期的本利和是：$\left(1+\frac{1}{3}\right)^3 = 2.37037$ 元，结算 4 次，1 元钱到一年时还 $\left(1+\frac{1}{4}\right)^4 = 2.44140$ 元

财主还想，一年结算 1000 次，其利息是：$\left(1+\frac{1}{1000}\right)^{1000}$ 元

这么大的数，年终肯定发财了。可是，财主算了算，一元钱结账 1000 次，年终还的金额只有：$\left(1+\frac{1}{1000}\right)^{1000} = 2.71692$

这令财主大失所望。他以为，结账次数越多，利息也就增长得越快。财主根本不知道，$\left(1+\frac{1}{n}\right)^n$ 的值是随 n 的增大而增大，但增加的数额极其缓慢；并且，不管结算多

少次，连本带利的总和不可能突破一个上限。数学家欧拉把 $\left(1+\dfrac{1}{n}\right)^{n}$ 极限记作 e，$e=2.71828\cdots\cdots$，即自然对数的底。

我们都知道复利计息是怎么回事，就是利息也可以并进本金再生利息。但是本利和的多寡，要看计息周期而定，以一年来说，可以一年只计息一次，也可以每半年计息一次，或者一季一次，一月一次，甚至一天一次；当然计息周期愈短，本利和就会愈高。有人因此而好奇，如果计息周期无限制地缩短，比如说每分钟计息一次，甚至每秒，或者每一瞬间（理论上来说），会发生什么状况？本利和会无限制地加大吗？答案是不会，它的值会稳定下来，趋近於一极限值，而 e 这个数就现身在该极限值当中（当然那时候还没给这个数取名字叫 e）。所以用现在的数学语言来说，e 可以定义成一个极限值，但是在那时候，根本还没有极限的观念，因此 e 的值应该是观察出来的，而不是用严谨的证明得到的。

e 的影响力其实还不限于数学领域。大自然中太阳花的种子排列、鹦鹉螺壳上的花纹都呈现螺线的形状，而螺线的方程式，是要用 e 来定义的。建构音阶也要用到 e，而如果把一条链子两端固定，松松垂下，它呈现的形状若用数学式子表示的话，也需要用到 e。这些与计算利率或者双曲线面积八竿子打不着的问题，居然统统和 e 有关，岂不奇妙？

第七节　无法回避的"指数爆炸"

故事 1：百万富翁破产

一天，一个叫杰米的百万富翁碰上一件奇怪的事，一个叫韦伯的人对他说："我想和你定个合同，我将在整整一个月中每天给你 10 万元，而你第一天只需给我一分钱，以后每天给我的钱是前一天的两倍。"杰米高兴地说："真的？你说话可得算数！"

合同开始生效了，杰米欣喜若狂。第一天杰米支出 1 分钱，收入 10 万元；第 2 天，杰米支出 2 分钱，收入 10 万元；第 3 天，杰米支出 4 分钱，收入 10 万元；第 4 天，杰米支出 8 分钱，收入 10 万元……到了第 10 天，杰米共得到 100 万元，而总共才支出 1023 分。到了第 20 天，杰米共得到 200 万元，而韦伯才得到 1048575 分，共 1 万元多点。杰米想：要是合同定两个月，三个月该多好！可是后来情况却发生了变化。

第 21 天杰米支出 1 万元多点，收入 10 万元。到第 28 天，杰米支出 134 万多，收入 10 万元。结果杰米在一个月得到 310 万元的同时，共付给韦伯 2147483647 分，也就是两千多万元！杰米破产了。

从这个故事可以看出，开始微不足道的数字，两倍两倍地增长，会有巨大的变化，这就是指数的威力。

故事 2：国王放米

在古印度有个叫锡塔的大臣，他聪明过人，发明了一种棋子，国王百玩不厌，于是决定重赏锡塔。锡塔说："陛下，我只要一点麦子。请您让人将麦子放在我发明的棋盘的六十四个格子内，第一格放一粒，第二格放二粒，第三格放四粒，第四格放八粒，第五格放十六粒……照这样放下去，每格比前一格多放一倍麦粒，直到把六十四个棋格放满就行了。"

国王听了哈哈大笑，他觉得锡塔这个人真是有趣，放着金银财宝不要，反而提出这样一个"笨"要求，谷仓里的麦子多着呢，填完六十四个棋格实在是小意思。于是便传令粮食大臣："答应锡塔的要求，现在就从粮库把麦子拉过来。"在场的每一个人都认为一小袋麦子就能填满棋盘上的十几个方格，一些人甚至忍不住笑了起来。

麦子被拉来后，粮食大臣一粒一粒地填了起来。一粒、两粒、四粒、八粒……一开始，前面的几个方格很快就被填满，而此时还没有用完一小碗麦子。但是慢慢地，所用的麦子开始明显多了起来，三十二粒、六十四粒、一百二十八粒、二百五十六粒、五百一十二粒、一千零二十四粒……

可不知从哪一刻起，喧闹的人们突然安静下来。因为往第 16 个方格上放米粒时，就需要拿出 1 公斤的大米，而到了第 20 格时，则需要满满一手推车的米。如此看来，国王根本无法提供足够的大米放在棋盘上的第 64 格上去。大臣们和国王都惊诧得张大了嘴：即使倾全国所有，也填不满下一个格子啊。

原理：假设把第一个格子的一粒米写成 2 的 0 次方，第二个格子写成 2 的 1 次方，第三个格子写成 2 的 2 次方，那么第 N 个格子就可以写成 2 的 N-1 次方。国际象棋一共 64 个格子，到了第 64 个格子的时候，需要放的米粒数就是 2 的 63 次方。如果 1000 粒米有 1 克重，那么折算一下，第 64 格就需要放 9223372036 吨米。

以上的事例都解释一个我们重要的数学概念，指数爆炸的概念：即指数函数的"爆炸性"增长（blow up）。

第八节　小心非法校园贷陷阱

校园贷本是一种学生助学和创业的贷款平台，近年来，学生因向校园贷借款而背负上巨额欠款的新闻屡屡被爆出。据调查了解，校园贷放贷提供材料方面只需要身份证、学生证，也有平台要求提供学信网账号和家长的手机号以及家庭住址。对大部门校园贷来说，唯一的门槛就是"在校大学生"。

一、看清低利息

校园贷经常以月利息"0.99"等低利息为噱头，造成利息不高的假象，实际上是年利率高达 20% 的超高利息，要知道年利息 36% 就是非法高利贷了。

校园贷还款方式大多也是圈套，以 0.99 为月利息计算：

第 0 个月，你借贷 1.2 万元，欠 1.2 万元本金

第 1 个月，你还了 1000 元 +1.2 万元 ×0.99%，还欠 1.1 万元本金

第 2 个月，你还了 1000 元 +1.2 万元 ×0.99%，还欠 1.0 万元本金

第 3 个月，你还了 1000 元 +1.2 万元 ×0.99%，还欠 0.9 万元本金

校园贷利息计算中，本金从来没有递减，自始至终都是 1.2 万元。

但实际情况是，我们每月欠的本金是递减的，如果按照银行的"等额本息"还款方式计算，应该是 1.2 万元 +（1.2 万元 +1.1 万元 +1 万元 +9000 元 +……+1000 元）×0.99%。

而很校园贷月利息远不止 0.99%，夸张点每月 6%、8%，甚至 10% 的都不是没有可能。

二、识别各种费用

一些大学生贷款平台，在放贷的时候，会扣除一部分咨询费，咨询费占贷款额的 10%～20% 不等。而放贷网站对学生称，这钱只是押金，只要不逾期还款，这些钱会退回到账户，押金有条件返还，只是钱晚点到手而已，但并不影响他们去贷款。

（1）多支付利息：贷款 10000 元，拿到手的只有 8000 元，却要按 10000 元本金支付利息，实际上网站就是收了贷款人的钱再还给贷款人，自己只拿了 8000 元本金。

以物抵金：很多平台是不给你钱的，而是给你电脑手机之类的数码产品，假设一台 IP 挂价 5288 元，进价 4988 元，平台又挣了你一个差价。

供应链资金沉淀利差：平台和供应商肯定不是实时结算，压几个月再还款很正常，这段时间的资金又可以用来放贷了。

（2）逾期罚息：发生逾期时，正常利息费用停止计算，逾期 1～10 天收取 0.05% 的逾期罚息，10 天以上收取 0.1%。

（3）逾期管理费：发生逾期时，正常借款管理费用停止计算，逾期 1～10 天收取 0.1% 的逾期管理费，10 天以上收取 0.5%。

（4）充值费：充值资金 0.5% 的转账费用，充值费上限 100 元。

（5）提现费：提现金额 0.3% 的提现费，不设上限。

（6）借款服务费：根据借款人信用等级收取，借款成功后一次性缴纳。该平台把

借款人信用划分为 7 个等级，最高等级（AA）费率为 0%，第四等级（C）费率为 2%，最低等级（HR）费率为 5%。

（7）借款手续费：借款成功后，一次性交纳 500 元的手续费。

（8）神秘的"代理费"：为扩大业务，圈占"地盘"，校园贷平台一般会设校园代理，这些代理人通过为平台争取客户，可以从平台领取提成奖励；如果代理人主动拉生意，成为中介，则还可以同时从借款人手里抽取中介费，对于学生而言，这就是通过校园中介借款时还需缴纳的"代理费"。

三、误入借贷陷阱，该如何自我保护

当误入校园借贷陷阱后，没有能力偿还贷款，而受到放贷人散布个人隐私、损害名誉威胁逼迫时，只要超出每个月两分利标准的费用，都是可以不承担的，即使贷款方步步紧逼，也有权拒绝支付。放贷者已经涉嫌非法经营，再使用敲诈勒索等不法手段回收贷款，更是触犯法律，希望大家能用法律武器保护自己，维护好自身权益。一旦发现放贷者有运用不法或者不良的方式来催款，可及时向公安机关报案。

第九节　放射性元素的半衰期

著名的科学家爱因斯坦提出了一个非常重要的定律。爱因斯坦定律：当原子开始发生衰变，其数量会越来越少，衰变的速度也会因而减慢。例如一种原子的半衰期为一小时，一小时后其未衰变的原子会剩下原来的二分之一，两小时后会是四分之一，三小时后会是八分一。原子的衰变会产生出另一种元素，并会放出阿尔法、贝塔粒子或中微子，在发生衰变后，该原子也会释出伽码射线。根据爱因斯坦的质能守恒公式 $E = mc^2$，衰变是其中一个把质量转为能量的方式。通常衰变所产生的产物多也是带放射性，因此会有一连串的衰变过程，直至该原子衰变至一稳定的同位素。

药物是有半衰期的，药物的半衰期一般指药物在血浆中最高浓度降低一半所需的时间。例如，一个药物的半衰期（一般用 $t_{1/2}$ 表示）为 6 小时，那么过了 6 小时血药物浓度为最高值的一半；再过 6 小时又减去一半；再过 6 小时又减去一半，血中浓度仅为最高浓度的 1/8。

药物的半衰期反映了药物在体内消除（排泄、生物转化及储存等）的速度，表示了药物在体内的时间与血药浓度间的关系，它是决定给药剂量、次数的主要依据，半衰期长的药物说明它在体内消除慢，给药的间隔时间就长；反之亦然。消除快的药物，如给药间隔时间太长，血药浓度太低，达不到治疗效果。消除慢的药物，如用药过于频敏，易在体内蓄积引起中毒。

　　每一种药物的半衰期各不一样；即使是同一种药物对于不同的个体其半衰期也不完全一样；成人与儿童、老人、孕妇，健康人与病人，药物半衰期也会有所不同。通常所指的药物半衰期是一个平均数。肝肾功能不全的病人，药物消除速度慢，半衰期便会相对延长。如仍按原规定给药，有引起中毒的危险，这点必须特别注意。

　　根据半衰期的长短给药，可以保证血药浓度维持在最适宜的治疗浓度而又不致引起毒性反应。常用的适宜方案是首次给以全负荷剂量，然后根据药物半衰期间隔一定时间，再给以首次剂量的一半。例如，磺胺嘧啶 1 克能在血中产生有效浓度，其半衰期为 17 小时，因此适宜方案是每日服两次，首剂 2 克，以后 1 克一次。

　　但对一些半衰期过短或过长的药物，如仍按半衰期给药，前者可能给药次数太频；而后者血药浓度波动较大，甚或由于间隔时间太长，易于遗忘给药。鉴于上述情况，对于毒性不大的药物，如半衰期过短，可以加大首次剂量，使其在间隔时间末段仍保持有效剂量。倘若药物的治疗指数小，半衰期又短，如去甲肾上腺素，一次注射仅维持几分钟，就必须采用静脉滴注法给药。倘若某药物的半衰期大大超过 24 小时，则可采用首次剂量和每天服用维持量的方案。维持量的大小可以根据该药首次剂量、每天给药量和该药的半衰期运用公式计算而得。

第六章　函数图像在舞动，三角函数在挑衅

第一节　"角"的队伍很庞大

初中学段在学习研究"角"的相关知识时，强调"角的成员"有锐角、直角、钝角、平角和周角，其中角的大小范围在 0°～360°。

可现实生活中，角的成员还有很多很多，它们的大小早已超出 0°～360°这个范围。比如在游乐园游戏中，有"乐园三宝"之称的摩天轮（乐园三宝：摩天轮、云霄飞车和旋转木马），就在旋转过程中大大超越了这个范围。摩天轮作为一种大型转轮状的机械建筑设施，它上面挂在轮边缘的是供乘客乘搭的座舱，游客坐在座舱里，不停地绕着摩天轮的中心一周一周地旋转，从不同的视角欣赏四周美景。又如 3 米板跳水运动员，一直苦练追求的高难度目标——向外翻腾 4 周半屈体、向后翻腾 3 周半屈体、向外翻腾 1 周半转体 4 周半，等等，它们的范围也都早已超过 0°～360°。

基于现实所知，我们非常有必要重新研究"角的成员"。因此高中的学习，重新定义角的概念——平面内一条射线绕它的端点从一个位置旋转到另一个位置，形成的图形称为角。射线的端点称为角的顶点，射线旋转的初始位置称为角的始边，射线旋转的终止位置称为角的终边。按逆时针方向旋转而成的角称为正角，按顺时针方向旋转而成的角称为负角，没有旋转时称为零角。新的定义，让角的成员大小展示出更加宽阔的范围，它们可以大到正无穷大，也可以小到负无穷大。

代表游乐设施——摩天轮的知识了解

最早的摩天轮由美国人乔治·法利士在 1893 年为芝加哥的博览会设计，目的是与巴黎在 1889 年博览会建造的巴黎铁塔一较高下。这个摩天轮重 2200 吨，可乘坐 2160 人，高度相等于 26 层楼高。

现目前全球知名的十大摩天轮（高度排名全球前十），我们中国就有六座。它们按高度排名依次是：

（1）中国广州塔摩天轮。广州塔摩天轮高 450 米，是世界最高摩天轮。2011 年 9 月 1 日正式运营，由 16 个"水晶"观光球舱组成，横向旋转。观光球舱环绕一圈约为 20 分钟，每个观光球舱可容纳 4～6 名乘客。

（2）俄罗斯麻雀山摩天轮。俄罗斯麻雀山摩天轮高 170 米。2004 年正式运营，转动一圈约为 30 分钟。

（3）美国豪客摩天轮。美国豪客摩天轮高 167.64 米。2014 年 3 月 31 日正式运营，由 28 个封闭球形舱组成，转动一圈约为 30 分钟。

（4）新加坡飞行者摩天轮。新加坡飞行者摩天轮高 165 米。2008 年 3 月 1 日正式运营，转动一圈约为 37 分钟。

（5）中国南昌之星摩天轮。中国南昌之星摩天轮高 160 米。2006 年 5 月正式运营，由 60 个太空舱组成，号称世界"第一大时钟"（60 个太空舱分别代表 60 分钟的时间刻度）。

（6）英国伦敦眼摩天轮。高 135 米，1999 年正式运营。

（7）中国水城之眼摩天轮。位于东昌湖南岸，高 130 米，由 42 个吊舱组成。

（8）中国影汇之星摩天轮。位于澳门，高 130 米，外观为一个"8"字。

（9）中国天马之眼摩天轮。位于甘肃省，高 128 米，由 60 个太空舱组成，转动一圈约为 40 分钟。

（10）中国骆马湖摩天轮。位于江苏省，高 122.5 米，由 48 个吊舱组成，外观为一个巨型大风车，转动一圈约为 30 分钟。

第二节 "角"的记法很"希腊"

我们在学习中，常常见到"角"是用小写希腊字母$\alpha, \beta, \gamma, \theta$等来记，如$\alpha = 30°$，$\beta = 60°$等，不由思考希腊字母到底是什么？常用在什么地方呢？下面就让我们一起走进希腊字母的世界里。

希腊字母是希腊语所使用的字母，被广泛使用于数学、物理、生物、化学、天文等学科。希腊字母跟英文字母、俄文字母类似，只是符号不同，标音的性质是一样的。希腊字母是世界上最早有元音的字母。俄语、乌克兰语等使用的西里尔字母和格鲁吉亚语字母都是由希腊字母发展而来，学过俄文的人使用希腊字母会觉得似曾相识。希腊字母进入了许多语言的词汇中，如 Delta（三角洲）这个国际语汇就来自希腊字母 Δ，因为 Δ 是三角形。

希腊字母源于腓尼基字母，腓尼基字母只有辅音，从右向左写，希腊语言元音发达，希腊人增添了元音字母。因为希腊人的书写工具是蜡板，有时前一行从右向左写完后，顺势就从左向右写，变成所谓"耕地"式书写，后来逐渐演变成全部从左向右写。字母的方向也颠倒了。罗马人引进希腊字母，略微改变为拉丁字母，在世界广为流行。希腊字母广泛应用到学术领域，如数学等。西里尔字母也是由希腊字母演变而成。英语单词 alphabet（字母），源自通俗拉丁语 alphabetum，alphabetum 又源自希腊语。

希腊字母对希腊文明乃至西方文化影响深远。

常用希腊字母简表（以下均为英语读法，非希腊语本音）			
字母名称	国际音标	大写字母	小写字母
alpha	/'ælfə/	A	α
beta	/'biː tə/ 或 /'beɪtə/	B	β
gamma	/'gæmə/	Γ	γ
theta	/'θiː tə/	Θ	θ
lambda	/'læmdə/	Λ	λ
mu	/mjuː /	M	μ

希腊字母不仅在数学界被广泛应用到与角相关的知识里，更是在天文学界中大放异彩，被广泛用来为"恒星"命名。

目前在天文学界，对于"恒星"的命名，采用的是巴耶恒星命名法（Bayer designation）。这种方法是由约翰·巴耶（Johann Bayer）在其《测天图》（*Uranometria*，1603 年）中所提出的恒星系统命名法。根据这命名法，一颗恒星的名字由两部分所组成：前半部为一希腊字母，后半部则是恒星所处星座的属格。原则上一个星座之中最亮的那一颗星就会被称为 α ，第二亮的就会是 β ，接着就是 γ、δ……如此类推。巴耶恒星命名法使用至今，大约已为 1300 颗恒星命名。

姓名：巴耶

国家或者地区：德国

学科：天文学家

发明创造：巨著《测天图》的撰写人

简历：巴耶（1572—1652.3.7）德国天文学家，他撰写的《测天图》（1603 年）建立了一套用肉眼全部可见恒星的体系。在巴耶之前，各种星图都是根据不完全又不精确的托勒密星表编制的；巴耶将托勒密的 48 个星座表予以订正并增补南半球新发现的 12 个星座。根据第谷测得的恒星方位和亮度的资料，巴耶用 24 个希腊字母分别为各星座中的可见恒星命名，如星数超过 24 个，则以拉丁字母继续命名。巴耶的命名法迄今仍在使用。

第三节　"角"的度量有"弧度"

我们在初中学习过度量角大小的方法：把周角的 $\frac{1}{360}$ 称为 1 度的角，记作 $1°$ 角。这种度量角的大小的方法称为角度制。为了使数学中一些公式变得简单优美，以便在运用它们解决实际问题时计算简便，我们需要第二种度量角大小的方法——弧度制。

目前，我们学习的弧度制定义是：把长度等于半径的圆弧所对圆心角的大小规定为 1 弧度，记作 1rad 或 1 弧度。它与角度制的换算关系是：$1 = \frac{180°}{\pi} \approx 57°18' = 57.30°$。它的发展可是历经千年，我们一起来了解一下吧。

1. 弧度制的发明——托勒密

克劳迪亚斯·托勒密大约于公元 90 年出生在希腊，他同斯特雷波一道为地理学和绘制学的研究奠定了基础。托勒密发明了球坐标，定义了包括赤道和零度经线在内的经纬线，提出了黄道，还发明了弧度制。他的伟大之处是用四十个小圆套大圆的方法，精确地计算出了所有行星运动的轨迹（托勒密继承了毕达格拉斯的一些思想，他认为圆是最完美的几何图形）。托勒密模型的精度之高，让以后所有的科学家惊叹不已，一千五百年来，

人们根据他的计算决定农时。但是，经过了一千五百年，托勒密对太阳运动的累积误差，还是差出了一星期。

2. 弧度制思想的提出——欧拉

18 世纪以前，人们一直是用线段的长来定义三角函数的。瑞士数学家欧拉（Leonhardo Eulero，1707—1783）在他于 1748 年出版的一部划时代的著作《无穷小分析概论》中，提出三角函数是对应的三角函数线与圆半径的比值，并令圆的半径为 1，使得对三角函数的研究大为简化。这是欧拉在数学史上的重要功绩之一。其次，欧拉在上述著作的第八章中提出了弧度制的思想。他认为，如果把半径作为 1 个单位长度，那么半圆的长就是 π，所对圆心角的正弦是 0，即 $\sin\pi=0$。这一思想将线段与弧的度量单位统一起来，大大简化了三角函数公式及其运算。

3. 弧度制的正式提出——汤姆生

1873 年 6 月 5 日，数学教师汤姆生（James Thomson）在北爱尔兰首府贝尔法斯特女王学院的数学考试题目中创造性地首先使用了"弧度"一词。当时，他将"半径"（radius）的前四个字母与"角"（angle）的前两个字母合在一起，构成 radian，并被人们广泛接受和引用。我国学者曾把 radian 译成"弪"（由"弧"与"径"两字的一部分拼成）。中华人民共和国成立以来，中学数学教科书中都把 radian 译作"弧度"。

弧度制的精髓就在于统一了度量弧与半径的单位，从而大大简化了有关公式及运算，尤其在高等数学中，其优点格外明显。

就数学而言，弧度的引入主要是为了适应微积分创立之后科学计算上的需要。它使得微积分中关于三角函数的各种公式，如微分公式、积分公式和泰勒公式等，都得到了极大的简化。在高等数学中，如不特别说明，有关三角函数的自变量一律认为以弧度为其单位。此外，弧度制在"复数"领域内也起到了重要作用，成为此领域中沟通三角函数与指数函数的关键联系，并推进了复变量函数理论的形成。

在物理学中，弧度制为其很多计算或表述带来方便。许多物理现象，特别是波动现象，需要用三角函数来表示，而三角函数中微分与积分的运算用弧度制最为方便。

正是基于弧度制在未来高等数学学习中的强大使用，我们需要在中学阶段掌握好它的概念，并逐步熟悉用它来表示角的大小。

第四节　三角函数来解"角"

正弦是最重要也是最古老的一种三角函数。早期的三角学，是伴随着天文学而产生的。古希腊天文学派希帕霍斯为了天文观测的需要，制作了一个"弦表"，即在圆内不同圆心角所对弦长的表。相当于现在圆心角一半的正弦表的两倍。

而当希腊的数学转入印度时，阿耶波多作了重大的改革。一方面他定半径为 3438，含有弧度制的思想。另一方面他计算半弦（相当于现在的正弦线）而不是希腊人的全弦。他称半弦为 jiva，是猎人弓弦的意思。后来印度的书籍被译成阿拉伯文，jiva 被音译成 jiba，但此字在阿拉伯文中没有意义，辗转传抄，又被误写成 jaib，意思是胸膛或海湾。12 世纪，欧洲人从阿拉伯的文献中寻求知识。1150 年左右，意大利翻译家杰拉德将 jaib 意译为拉丁文 sinus，这就是现存 sine 一词的来源。英文保留了 sinus 这个词，意义也不曾变。

阿耶波多

sinus 并没有很快地被采用。同时并存的正弦符号还有 Perpendiculum（垂直线），表示正弦的符号并不统一。计算尺的设计者冈特在他手画的图上用 sin 表示正弦，后来，英国的奥特雷德也使用了 sin 这一缩写，同时又简写成 S。与此同时，法国的埃里冈在《数学教程》中引入了一整套数学符号，包括 sin，但仍然没有受到同时代人的注意。直到 18 世纪中叶，逐渐趋于统一用 sin。余弦符号 ces，也在 18 世纪变成现在 cos。

首个真正使用简化符号表示三角线的人是 T. 芬克。他于 1583 年，创立以"tangent"

（正切）及"secant"（正割）表示相应之概念，其后他分别以符号"sin."，"tan."，"sec."，"sin. com"，"tan. com"，"sec. com"表示正弦、正切、正割、余弦、余切、余割，首三个符号与现代使用符号相同。

我国早期（1980年以前）采用三角函数符号：

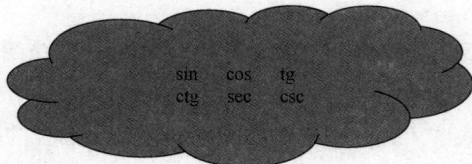

sin　cos　tg
ctg　sec　csc

我国目前（1990年以后）采用三角函数符号：

sin　cos　tan
cot　sec　csc

现目前任意角的三角函数定义为：

$$\sin \alpha = \frac{y}{r} = \frac{\alpha的终边上一点P的纵坐标}{点P与原点的距离}$$

$$\cos \alpha = \frac{x}{r} = \frac{\alpha的终边上一点P的横坐标}{点P与原点的距离}$$

$$\tan \alpha = \frac{y}{x} = \frac{\alpha的终边上一点P的纵坐标}{点P的横坐标}$$

第五节　三角函数公式可"趣记"

☺ 有一天，sin 方了一下，cos 也方了一下，于是他们相爱了……成了完美的 1。

——$\sin^2 \alpha + \cos^2 \alpha = 1$

☺三角函数家有许许多多招式。但是始终遵循着"奇都变了偶还不变，符号还要看象限"。

——诱导公式口诀

☺sin 和 cos 有一天除了一下，于是 tan 诞生了。

——$\sin \alpha / \cos \alpha = \tan \alpha$

☺tan 很寂寞很寂寞，于是数学家看不下去了，创造了 cot 陪陪他。

——$\tan \alpha = 1/\cot \alpha$

☺cos 一直不喜欢别人叫她原名：x/r（x 太丑，r 弯弯的也不好看）。

——$\cos\alpha = x/r$

☺sin 倒是觉得 x 蛮酷的。

——$\sin\alpha = y/r$

☺cos 有时候蛮无聊的，把人家好好的阿尔发和贝塔硬是弄得分开，结果上去调停的还是她。

——$\cos(\alpha+\beta) = \cos\alpha\cos\beta - \sin\alpha\sin\beta$

☺sin 也会做差不多的事。但他比较懒，不变号。

——$\sin(\alpha+\beta) = \sin\alpha\cos\beta + \cos\alpha\sin\beta$

☺tan 也想学爹妈做差不多的事，结果他遇到 y 轴老大哥罩着的一帮角就肯定没辙了，π公公有时也会四分之一下要要他。

——$y=\tan\alpha$，$\alpha \neq k\pi + \pi/2$

☺分类讨论哥永远不会抛弃 tan，事实上他从未抛弃过任何人。

——三角函数经常出现分象限讨论

☺任你角度大到天涯海角，让我用诱导公式将你瞬间秒杀。

——$A\sin\alpha + B\cos\alpha = ?$ 同学们自己来回忆一下。

☺当遇到所有招式都对付不了的角度时，三角函数一家也绝不会气馁，他们还有大杀器。

——辅助角公式

☺他们一家的小儿子 sec 和小女儿 csc，还没长大，还得靠 tan 哥哥和 cot 姐姐来解决困难。

——$\sec\alpha = ?$，$\csc\alpha = ?$，同学们这些补充知识还记得不？

☺有的时候角度会阴险地穿上绝对值防护罩，这时候请一定相信分类讨论哥。

——分清楚角所在的象限

☺相信"分类讨论哥"！绝对不挂科！

——分类！分类！分类！

第六节　三角函数很有"周期味"

　　观察三角函数的图像，我们发现图像在有规律的不断重复出现。这个规律是：正弦函数 $y=\sin x$ 和余弦函数 $y=\cos x$ 的自变量每当隔 2π 时，函数值都相等，正切函数 $y=\tan x$ 的自变量每隔 π 时，函数值都相等。函数具有的这种性质叫周期性。

　　周期性不仅仅存在于三角函数中，它无时无刻不存在于我们的日常生活中，不断让我们感受到生活的美和乐趣。

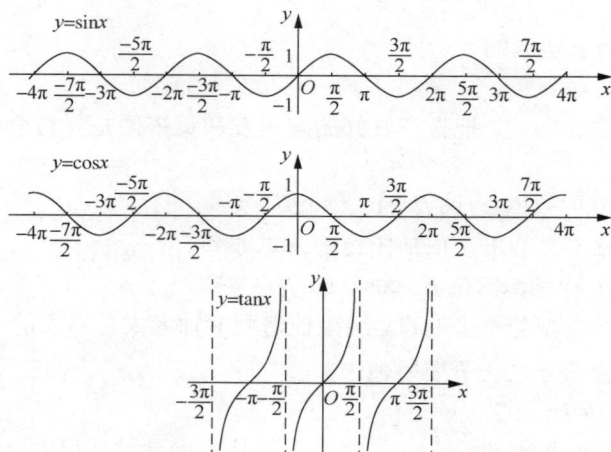

（1）日出日落。

日出日落是周期现象，一个周期是 24 小时，决定了一天的长短；四季轮回是周期现象，一个周期是 12 个月，决定了一年的长短；月亮从亏到盈变化是周期现象，一个周期是 28 天多，决定了一个农历月的长短。

潮汐现象是指海水在天体（主要是月球和太阳）引潮力作用下所产生的周期性运动，习惯上把海面垂直方向涨落称为潮汐，而海水在水平方向的流动称为潮流。

潮汐是海水的一种周期性运动现象：到了一定时间，海水推波助澜，迅猛上涨，达到高潮；过一些时间，上涨的海水又会自行退去，留下一片沙滩，出现低潮。如此循环重复，永不停息。

我们中国人称早晨海水上涨为"潮"，黄昏海水上涨为"汐"。合称潮汐或海潮。

我国钱塘江大潮

（2）宋代回环诗图。

宋代诗人秦观写了一首回环诗。这首回环诗，要把圆圈上的字按顺时针方向连读，每句由 7 个相邻的字组成。第一句从圆圈下部偏左的"赏"字开始读；然后沿着圆圈顺时针方向跳过两个字，从"去"开始读第二句；再往下跳过三个字，从"酒"开始 读第三句；再往下跳过两个字，从"醒"开始读第四句。四句连读，就是一首好诗。

如果继续顺时针方向往下跳过三个字，就回到"赏"字，又可将诗重新欣赏一遍了。生活中的圆圈，在数学上叫作圆周。一个圆周的长度是有限的，但是沿着圆周却能一圈又一圈地继续走下去，周而复始，永无止境。回环诗把诗句排列在圆周上，前句的后半，兼作后句的前半，用数学的趣味增强文学的趣味，用数学美衬托文学美。

周期现象中常见趣味题

1. 为了迎接检查，学校在操场上按照红、黄、绿的顺序布置了很多花，第 121 盆是（   ）花。

    A．红

    B．黄

    C．绿

2. ☆☆☆□□○☆☆☆□□○☆☆☆□□○……，照这样排列下去，左边起第 39 个图形是（   ）。

    A．☆

    B．□

    C．○

    D．无法判断

3. 有四种颜色的粉笔，按照 1 红 2 黄 1 白的顺序摆下去，第 35 支粉笔是什么颜色？

4. 如图所示，将自然数从 1 开始顺次写在"数，学，真，好，玩"这五个汉字下面。问：208 会出现在哪个汉字下面？

数	学	真	好	玩
1	2	3	4	5
6	7	8	9	10
11	12	13	14	15

5. 我国农历用鼠、牛、虎、兔、龙、蛇、马、羊、猴、鸡、狗、猪这 12 种动物按顺序代表每年的年号，2014 年是马年，王小萌今年 32 岁，王小萌属什么呢？

第七节　三角函数图像绘制可巧用"电子表格Excel"

随着计算机、互联网等现代科学技术的发展，对于三角函数的描点作图，Excel软件、几何画板软件、超级画板软件、函数画图宝软件等是最为简单实用的工具。这里将重点介绍用电子表格Excel来绘制三角函数图像的方法。

（1）打开excel电子表格程序，在单元格里输入数据。

（2）选中A2单元格，单击编辑—填充—序列。

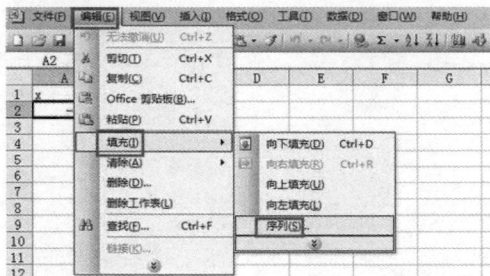

（3）在"序列"中选择"序列产生在：列""类型：等差序列""步长值：0.4""终止值：3.2"。

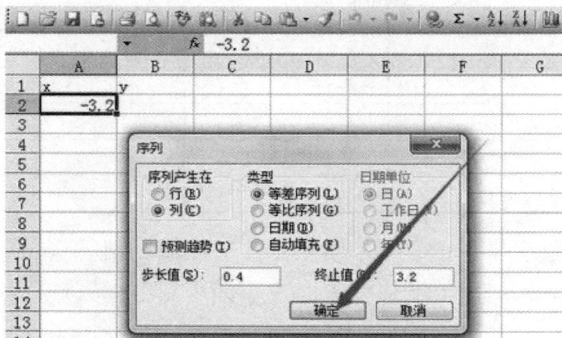

（4）选中 B2 单元格，单击"插入—函数"，选择余弦函数 COS，点击确定。

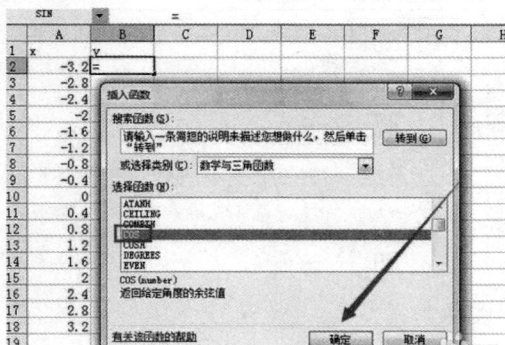

（5）在括号内输入 A2，按回车键，这样就求出了-3.2 的余弦值。使用"填充柄"向下复制公式。

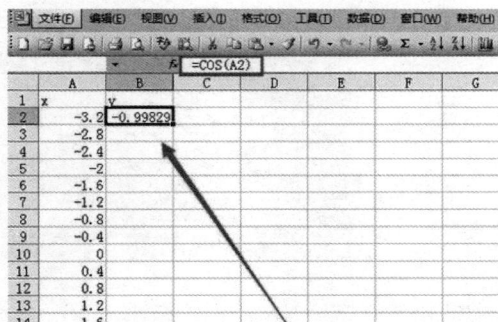

（6）选中 A2：B18 区域，单击"插入—图表命令"，选择 XY 散点图，单击"下一步"。

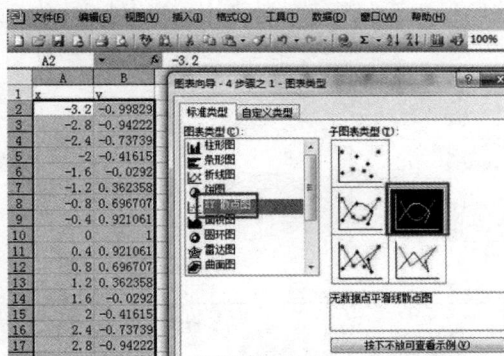

（7）选择"作为其中的对象插入"，单击完成。

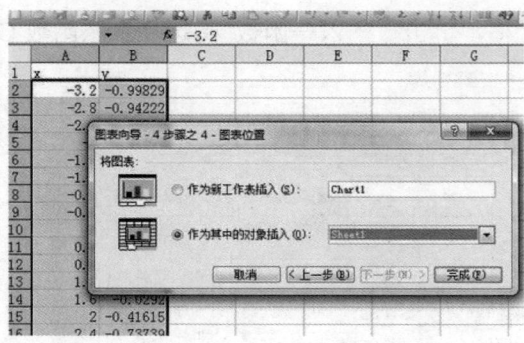

（8）即可形成如下图像。

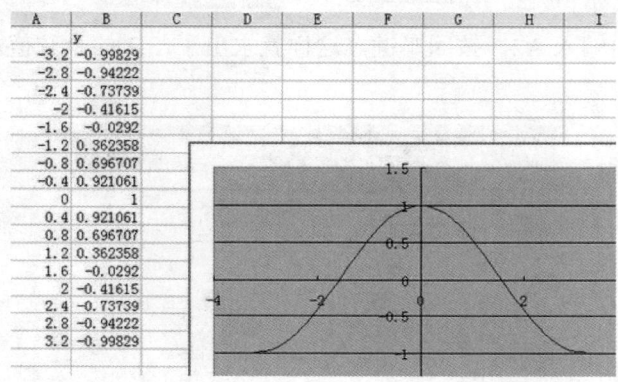

见证"实力"的时刻：

一起动手试试看，用电子表格 Excel 绘制三角函数的图像。

第八节　三角函数图像的"内、外比拼"

（1）sin 和 cos 的追逐游戏。

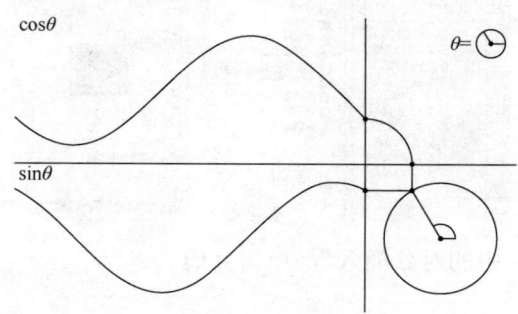

（2）将 sin 和 cos 运用到三角形上。

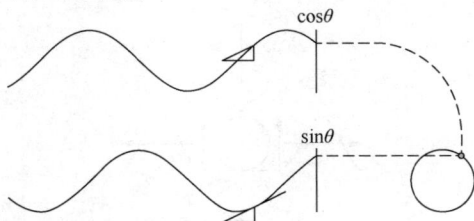

（3）余弦是正弦的衍生物。

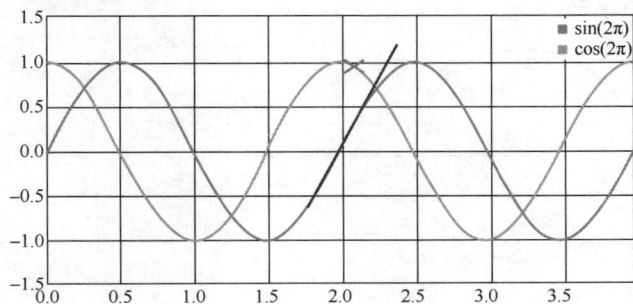

（4）正弦、余弦的空间展示。

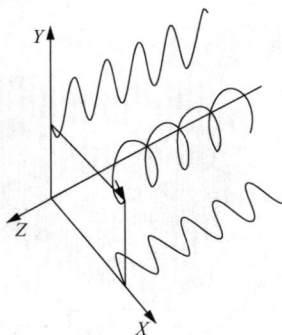

（5）正切线。

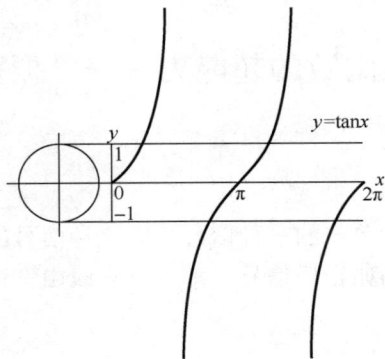

（6）三角函数。

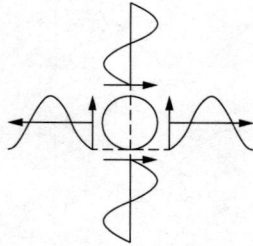

（7）圆和三角函数。

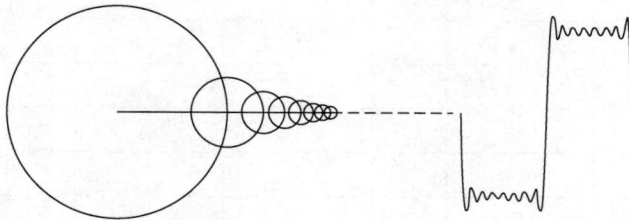

（8）神奇的数学之心。

幂函数、三角函数和椭圆方程的神奇组合

$$f(x) = x^{\frac{2}{3}} + 0.9\sqrt{3.3 - x^2}\sin(b\pi x) \quad\underline{\quad b=9\quad}\bullet$$

第九节　三角函数的超能力——"振荡"的正弦波

1. 正弦波

正弦波是频率成分最为单一的一种信号，因这种信号的波形是数学上的正弦曲线而得名。任何复杂信号，例如音乐信号，都可以看成由许许多多频率不同、大小不等的正弦波复合而成。

2. 正弦波振荡

正弦波振荡电路是用来产生一定频率和幅度的正弦交流信号的电子电路。它的频率范围可以从几赫兹到几百兆赫兹，输出功率可能从几毫瓦到几十千瓦。广泛用于各种电子电路中。在通信、广播系统中，用它来作高频信号源；电子测量仪器中的正弦小信号源，数字系统中的时钟信号源。另外，作为高频加热设备以及医用电疗仪器中的正弦交流能源。

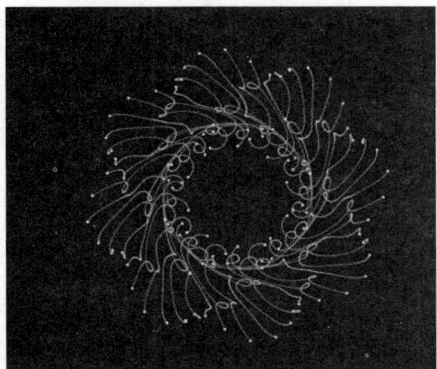

正弦波 GIF 动画图片

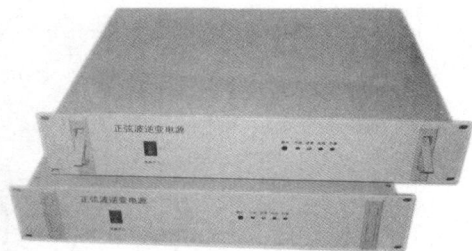

通信中正弦波电源

时钟信号源

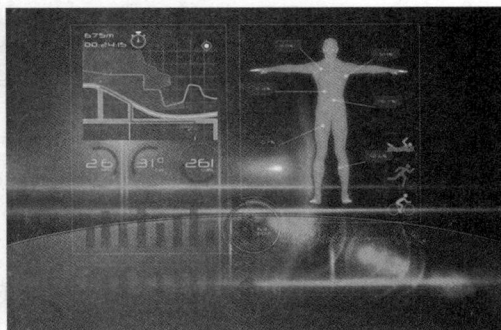

医用电疗仪器中的正弦交流能源

3. 正弦波振荡器的认识

正弦波振荡器可分为两大类：一类是利用反馈原理构成的反馈振荡器，它是应用最广的一类振荡器；另一类是负阻振荡器，它将负阻抗元件直接连接到谐振回路中，利用负阻器件的负阻抗效应去抵消回路中的损耗，从而产生出正弦波振荡。

目前被广泛用于各种电子设备中的振荡器，主要有 LC 正弦波振荡器、RC 正弦波振荡器和晶体振荡器。它们的作用主要都是将直流电变交流电，进而在无线电广播和通信设备中产生电磁波，在微机中产生时钟信号，在稳压电路中产生高频交流电等，起到了为方便我们日常生活和出行服务的目的。

第十节　三角函数无处不在

三角函数最早的研究可以追溯到公元前 2000 年，埃及数学和巴比伦数学。那时主要用于测量，例如建筑金字塔的高度、通商航海和观测天象等。而现在的它，早已成为数理分析的基础，是研究实用科学所必需的工具，在实际生活中存在大量的应用。

（1）测量建筑物或山的高度。如果知道建筑物的位置与仰角之间的距离，则可以轻松的计算得到建筑物的高度。

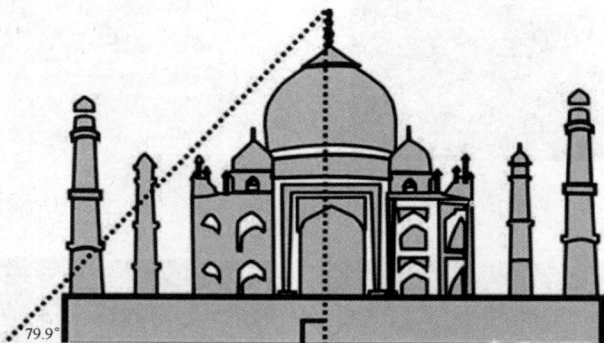

（2）游戏中的应用。在一些赛车游戏中就需要用到大量的三角函数。当控制赛车运动的角度时，需要利用三角函数时刻计算赛车当前的位置以及运动的距离。

（3）航空飞行中的应用。飞行工程师必须考虑到飞机飞行时的速度、距离、方向以及风速、风向。特别是"风"这个因素，对于飞机如何安全到达预定的地方起着重要作用。比如一架飞机以 1000km/h 的速度向东北方向飞行，而有一阵风力为 200km/h 的南风。那么就需要利用三角函数来调整飞机的运行方向，即使有风的影响，也可以朝正确的方向飞行。

（4）犯罪刑侦中的应用。在犯罪学中，三角函数可以帮助计算弹丸的轨迹，估计可能在车祸中造成碰撞的原因，或者物体是如何从某个地方坠落的，以及哪个角度是子弹射击等。

（5）天文学中的应用。在天文学中，往往会使用三角函数来计算地球到恒星之间的距离。

（6）物品包装的设计应用。在物品生产中，三角函数可用来计算物品的体积，从而进一步帮助设计物品的包装等。

（7）场地的设计应用。在场地大小、形状的设计中，三角函数可用来计算面积的最大值和最小值。

第七章　数株残柳不胜春，列仙相次上昆仑

第一节　中国古代数学文献中的数列问题

我国古代数学家对数列概念的认识很早，如《周髀算经》《九章算术》《孙子算经》《张邱建算经》及《前汉书》《旧唐书》等书中，都记载有许多很有趣味的数列问题；这些都是与生产、生活息息相关的知识和内容，这些内容可以让我们感受到我国古代数学的优秀传统——数学要关注生产、生活等社会问题，传承了中国优秀文化。

例 1：今有良马与驽马发长安至齐，齐去长安三千里。良马初日行一百九十三里，日增十三里。驽马初 13 行九十七里，日减半里。良马先至齐，复还迎驽马。问各行几何？

[译文]今有良马与劣马各一匹，都从长安出发到齐，两地距离 3000 里。良马第 1 日走 193 里，以后每日比前 1 日加速 13 里。劣马第 1 日走了 97 里，以后每日比前 1 日减速 $\frac{1}{2}$ 里。良马先到齐以后，就立刻返回迎接劣马，与劣马相向行走。问良马、劣马它们各走了多少里？

解析：良马 15 日的行走路程为 $S_{15} = (193 + \frac{13 \times 14}{2}) \times 15 = 4260$ （里）

第 16 日的行走路程为 $S_{16} = (193 + 13 \times 15) \times \frac{135}{191} = 274\frac{46}{191}$ （里）

所以良马一共走了 $S_{15} + S_{16} = 4260 + 274\frac{46}{191} = 4534\frac{46}{191}$ （里）

驽马 15 日的行走路程为 $S'_{15} = (97 - \frac{\frac{1}{2} \times 14}{2}) \times 15 = 1402\frac{1}{2}$ （里）

第 16 日所走路程为：$S'_{16} = (97 - \frac{1}{2} \times 15) \times \frac{135}{191} = 63\frac{49\frac{1}{2}}{191}$ （里）

所以驽马一共走了 $S'_{15} + S'_{16} = 1402\frac{1}{2} + 63\frac{49\frac{1}{2}}{191} = 1465\frac{145}{191}$ （里）

答：良马共走了 $4534\dfrac{46}{191}$ 里，劣马共走了 $1464\dfrac{145}{191}$。

例 2：今有女子善织，日自倍，五日织五尺。问日织几何？

[译文]今有一妇女是织布能手，每天织的布都是前一天的 2 倍。已知她 5 天里共织布 5 尺。问这位妇女每天织布多少？

本题实质是一个等比数例问题。因 1:2:4:8:16 为比率，故公比 $q=2$，5 项总和等于 50（寸），求各项。

设第一项为 a_1，$q=2$，由等比数列前 n 项求和公式得 $S_n=\dfrac{a_1(q^n-1)}{q-1}$，即

$50=\dfrac{a_1(2^5-1)}{2-1}$，解得 $a_1=\dfrac{50}{31}=1\dfrac{19}{31}$（寸）。再依通项公式分别求得 $a_2=a_1q=3\dfrac{7}{31}$（寸），

$a_3=a_1q^2=6\dfrac{14}{31}$（寸），$a_4=a_1q^3=12\dfrac{28}{31}$（寸），$a_5=a_1q^4=25\dfrac{25}{31}$（寸）

答：第 1 日织布 $1\dfrac{19}{31}$ 寸，第 2 日织布 $3\dfrac{7}{31}$ 寸，第 3 日织布 $6\dfrac{14}{31}$ 寸，第 4 日织布 1 尺 $2\dfrac{28}{31}$ 寸，第 5 日织布 2 尺 $5\dfrac{25}{31}$ 寸。

总结上面两个例子，不难看出两个规律：

（1）我国古代数学强调"经世济用"，注重算理算法，其中很多问题可转化为等差数列，等比数列问题。

（2）两题以传统数学文化为载体考查数学的实际应用，求解的关键是将古代实际问题转化为现代数学问题，建立数列模型，进行数列的基本计算，利用方程思想求解。

再给同学们列举几个同类别例子：

（1）（巍巍宝塔）遥望巍巍塔七层，红光点点倍加增，共灯三百八十一，试问尖头几盏灯？

——选自吴敬《九章算法类比大全》

（2）（诵课倍增）有个学生资性好，一部《孟子》三日了，每日添增一倍多，问君每日读多少？

——选自程大位原著，梅瑴成《增删算法统宗》

注：《孟子》全书为 34685 字，"一倍多"指一倍。

（3）（行程减半）三百七十八里关，初行健步不为难；次日脚痛减一半，六朝才得到其关；要见每朝行里数，请君仔细详推算。

——选自程大位原著，梅瑴成《增删算法统宗》

（4）（诸葛统领八员将）诸葛统领八员将，每将又分八个营。每营里面排八阵，每阵先锋有八人。每个族头俱八个，每个族头八队成。每队更该八个甲，每个甲头八个兵。

——选自程大位原著，梅瑴成《增删算法统宗》

第二节 斐波那契数列

斐波那契数列，又称黄金分割数列，指的是这样一个数列：0，1，1，2，3，5，8，13，21，34，……在数学上，斐波纳契数列以如下被以递归的方法定义：$F(0)=0$，$F(1)=1$，$F(n)=F(n-1)+F(n-2)$（$n≥2$，$n∈N*$）；这个数列从第 3 项开始，每一项都等于前两项之和。

斐波那契数列通项公式：

$$a_n = 1/\sqrt{5}\left[\left(\frac{1+\sqrt{5}}{2}\right)^n - \left(\frac{1-\sqrt{5}}{2}\right)^n\right]$$

如上，又称为"比内公式"，是用无理数表示有理数的一个范例。

在现代物理、准晶体结构、化学等领域，斐波纳契数列都有直接的应用。

斐波那契数列是一个非常美丽、和谐的数列，它的形状可以用排成螺旋状的一系列正方形来说明，起始的正方形的边长为 1，在它左边的那个正方形的边长也是 1，在这两个正方形的上方再放一个正方形，其边长为 2，以后顺次加上边长为 3、5、8、13、21……的正方形。这些数字每一个都等于前面两个数之和，它们正好构成了斐波那契数列。

（1）斐波那契数列的由来。

13 世纪意大利数学家斐波那契在他的《算盘书》的修订版中增加了一道著名的兔子繁殖问题。问题是这样的：如果每对兔子（一雄一雌）每月能生殖一对小兔子（也是一雄一雌，下同）每对兔子第一个月没有生殖能力，但从第二个月以后便能每月生一对小兔子假定这些兔子都没有死亡现象，那么从第一对刚出生的兔子开始，12 个月以后会有多少对兔子呢？

这个问题的解释如下：第一个月只有一对兔子；第二个月仍然只有一对兔子；第三个月这对兔子生了一对小兔子，共有 1+1=2 对兔子；第四个月最初的一对兔子又生一对兔子，共有 2+1=3 对兔子；则由第一个月到第十二个月兔子的对数分别是：1，1，2，3，5，8，13，21，34，55，89，144，……，后人为了纪念提出兔子繁殖问题的斐波那契，将这个兔子数列称为斐波那契数列，学术界又称为黄金分割数列。

自斐波那契数列产生至今，人们对其研究为何经久不衰？一大原因就是对其研究有极大的益处。

（2）斐波那契数列在数学中的应用。

关于斐波那契数列在数学中的应用，最经典的例子就是爬楼梯问题。一个人要爬十级台阶的楼梯，规定每一步只能跨一级或者两级台阶，则一共有多少种方法爬上这个十级台阶的楼梯？分析过程是：爬上一级台阶只有一种方法，二级台阶有两种方法，三级台阶有三种方法，四级台阶有五种方法，五级台阶有八种方法，六级台阶有十三种……即1，2，3，5，8，13，……，所以爬上十级台阶的楼梯共有88种方法。如果要爬 n 阶台阶呢？除了爬楼梯问题，还有许多数学问题可以通过斐波那契数列解决。

（3）自然界中的斐波那契数列。

在自然界中，许多事物本身蕴含的规律都跟斐波那契数列有关。例如树木的生长，由于新生的枝条，往往需要一段"休息"时间，供自身生长，之后才萌发新枝。因此，一株树苗在一段时间间隔后，例如一年，会长出一条新枝；第二年新枝"休息"，老枝依旧萌发；此后，老枝与"休息"过一年的枝同时萌发，当年生的新枝则次年"休息"。这样，一株树木各个年份的枝桠数，便构成斐波那契数列。这就是生物学上著名的"鲁德维格定律"。

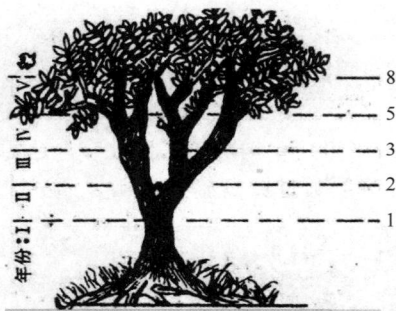

或许有人会说树木生长符合斐波那契数列的规律是一个巧合，其实不仅仅是树木的生长问题，植物的花瓣、叶子、花蕊的数目都和这斐波那契数列有关。像梅花有5片花瓣，李树也是5片花瓣，鸢尾花、百合花（看上去是6片，实际上是两套3片）是3片花瓣，许多翠雀属植物的花瓣是8片，万寿菊的花瓣有13片，紫菀属植物的花有21瓣，大多数雏菊有34、55、89片花瓣。这些数字的花瓣在植物界很常见，而其他数字的就相对很少。这些数字按其大小排列起来，就是3、5、8、13、21、34、55、89、……，也就是我们所说的斐波那契数列。

在仙人掌的结构中有这一数列的特征。研究人员分析了仙人掌的形状、叶片厚度和一系列控制仙人掌情况的各种因素，并将所得数据输入电脑，结果发现仙人掌的Fibonacci数列结构特征能让仙人掌最大限度地减少能量消耗，适应其在干旱沙漠的生长环境。

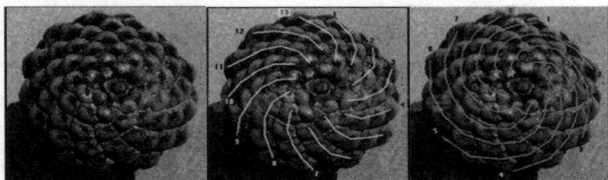

　　向日葵种子的排列方式，就是一种典型的数学模式。仔细观察向日葵花盘，你就会发现两组螺旋线，一组顺时针方向盘旋，另一组则逆时针方向盘旋，并且彼此相嵌。虽然不同的向日葵品种中，种子顺、逆时针方向和螺旋线的数量有所不同，但往往不会超出 34 和 55、55 和 89 或者 89 和 144 这 3 组数字，这每组数字就是 Fibonacci 数列中相邻的两个数。前一个数字是顺时针盘旋的线数，后一个数字是逆时针盘旋的线数。

第三节　天干地支纪年法

　　天干地支纪年法，是中国文化的集中体现，它是先贤们智慧的结晶，时至今日，它并没有过时，仍然生存于每个中华儿女的内心。

　　自 1949 年以来，传统文化的继承和发展虽然经历了无数的挫折，但是传统文化以其顽强的生命力生存了下来，天干地支纪年法就是其中之一，我们坚信，它将继续传承并且发扬光大。

天干地支简称"干支"，取义于树木的干和枝。其中天干有十：甲、乙、丙、丁、戊（wù）、己、庚、辛、壬（rén）、癸（guǐ）；地支十二：子、丑、寅、卯（mǎo）、辰（chén）、巳（sì）、午、未（wèi）、申、酉（yǒu）、戌（xū）、亥。天干地支组合成如下六十个计时序号，作为纪年、月、日、时的名称叫"天干地支纪年法"。

天干地支最初的起源，目前尚无定论，以文物考查的话，近百年来出土的殷墟（盘庚迁都于殷后，商也称殷）甲骨卜辞中，就载有大量用于纪日的干支记录，而在甲骨文中出现最频繁的字也是干支。

干支除了用于记录时间、占卜外，后来被赋予的功能就越来越多了。我们学习一下如何将公元纪年换算成干支纪年，这里仅介绍一种简易直观的算法。首先给每个天干、地支一个编号，从头以 4 开始循序排下去，天干 10 后接 1，地支 12 后接 1。即天干：甲 4、乙 5、丙 6、丁 7、戊 8、己 9、庚 10、辛 1、壬 2、癸 3；地支：子 4、丑 5、寅 6、卯 7、辰 8、巳 9、午 10、未 11、申 12、酉 1、戌 2、亥 3。以公元年的尾数在天干中找出对应该尾数的天干，再将公元纪年除以 12，用除不尽的余数在地支中查出对应该余数的地支，这样就得到了公元纪年的干支纪年。如 2003 年，其尾数为 3，对应的天干为"癸"；以 12 除 2003 得 166，余数为 11，对应的地支为未。于是 2003 年的干支纪年为"癸未"年。注意这是指 2003 年立春之后，立春之前应是"壬午"年。

天干地支纪年法同时可纪年、月、日、时，分别称为"年柱、月柱、日柱、时柱"。此八个字就是俗称的"八字"。一个人的八字就是他出生时间的四柱记录。关于月、日、时的天干地支纪法，已使用不多，有兴趣的同学可去查阅有关资料。

十二地支与十二生肖对应，即子鼠、丑牛、寅虎、卯兔、辰龙、巳蛇、午马、未羊、申猴、酉鸡、戌狗、亥猪。

第四节　数学与艺术

数学对艺术的影响由来已久，在文艺复兴时期艺术家利用透视原理创作出不朽的名作，在 20 世纪荷兰艺术家埃舍尔对无限拼图的探索给人以启迪，萨尔瓦多·达利利用四维立方体的展开图画出了使人震撼的作品。艺术家们从斐波那契数列，最小曲面、麦比乌斯带中得到启发。数学家们利用雕塑来宣扬数学的成就。

很多人认为数学与艺术是事物的两面。数学属于理性思维、抽象思维，艺术属于感性思维、形象思维。其实不然，艺术最基础的美感就来源于数学比例。哲学家亚里士多德便说过"数学格外地展现了秩序、对称和极限，而这些是美的极致形式"数学与艺术之间有着千丝万缕的联系。艺术家们不断在数学中发掘通向精神世界最深处的奥秘。数学家们也倾其一生要将数学转变为一门艺术。

音乐是时间的艺术，音乐随着时间流淌，一首乐曲必须从头听到尾才能理解其含

《嘉拉提亚的凯旋》

义。而美术是一种空间的艺术：绘画作品是二维的，雕塑作品是三维的。它们在时间上相对固定（不同时间点去欣赏同一幅作品，呈现的内容基本相同）。不过，艺术不是一成不变的，绘画也可以在作品中"表现时间"，音乐也可以"寻找空间"，比如交响乐比独奏的空间感要大得多，表现的内容也更丰富。

那么，名画是如何与数学产生交集的呢?事实上,绘画的结构"很数学"，例如，色彩是绘画中最基本的重要因素，从三原色开始，通过不同比例的调配能够获得更多的颜色，每一种色彩中红、黄、蓝的比例是不同且固定的。

说到绘画与数学的融合，不得不提达·芬奇。他不仅是美术家，也是数学家、科学家，是文艺复兴时期的博学家。《蒙娜丽莎》是达·芬奇的代表作，画作的比例十分符合等角螺线和黄金三角形定律。后世画家在处理半身像时，或多或少都加上了《蒙娜丽莎》的影子，其影响之大可见一斑。而达·芬奇另一幅备受关注的画作、人体绘画的标杆《维特鲁威人》也包含大量黄金分割。《维特鲁威人》描绘了一个四肢张开的健壮中年男子。如果以头、足、手为端点，正好外接形成一个圆形。同时，在画中叠加着男子两臂张开平伸的结构，则可以外接一个正方形。这幅画，将数学的"形"体现得淋漓尽致。

拉斐尔画作《嘉拉提亚的凯旋》。"文艺复兴艺术三杰"中除了达·芬奇，拉斐尔的画作同样结构明显。例如《嘉拉提亚的凯旋》的结构是由多个三角形组成。

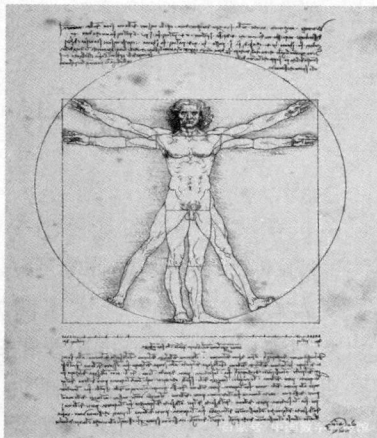

《维特鲁威人》

第五节 天王星的发现

在 1766 年，一位德国中学教师——戴维·提丢斯，偶尔发现行星的一个规律，和几何学符合得非常好，但当时并未引起人们的注意。

直到 1772 年，柏林天文台台长波得，把提丢斯的发现，归纳成一个数列，引起了人们的注意，现被称之为"提丢斯—波得定则"：

数列 a_n：0，3，6，12，24，48……（3 之后，数字为前者 2 倍）；

数列 b_n：0.4，0.7，1.0，1.6……（a_n+4）/10；

其中，把地球轨道半径看成 1，那么数列 b_n，就和当时各行星的轨道半径，符合得非常好，如下表：

n	提丢斯—波得定则	实际数值	天体名称
1	0.4	0.39	水星
2	0.7	0.72	金星
3	1.0	1.00	地球
4	1.6	1.52	火星
5	2.8	***	***
6	5.2	5.20	木星
7	10.0	9.54	土星

在木星和火星之间，显然存在一个空缺，人们相信这中间，肯定存在一颗未知的行星，并引起了天文学家的极大兴趣。

对 n=5 对应的行星，科学家经过近十年的寻找，还是一无所获。但是在 1781 年 3 月，英国科学家威廉·赫歇尔，根据提丢斯—波得定则，在 b_8=19.6 的位置，发现了天王星，而天王星的实际数据为 19.2。

这一发现惊动了科学界，人们更加坚定地相信，那个缺失的 n=5，肯定存在一颗未知的行星，再次激起了人们寻找的热情。

天王星

第六节　数列趣味小故事

1．等差数列

高斯是德国数学家、天文学家和物理学家，被誉为历史上伟大的数学家之一，和阿基米德、牛顿并列，同享盛名。

高斯 1777 年 4 月 30 日生于不伦瑞克的一个工匠家庭，1855 年 2 月 23 日卒于格丁根。幼时家境贫困，但聪敏异常，受一贵族资助才进学校受教育。1795—1798 年在格丁根大学学习 1798 年转入黑尔姆施泰特大学，翌年因证明代数基本定理获博士学位。从 1807 年起担任格丁根大学教授兼格丁根天文台台长直至逝世。

高斯 7 岁那年，父亲送他进了耶卡捷林宁国民小学，读书不久，高斯在数学上就显露出了常人难以比较的天赋，最能证明这一点的是高斯十岁那年，教师彪特耐尔布置了一道很繁杂的计算题，要求学生把 1 到 100 的所有整数加起来，教师刚叙述完题目，高斯即刻把写着答案的小石板交了上去。彪特耐尔起初并不在意这一举动，心想这个小家伙又在捣乱，但当他发现全班唯一正确的答案属于高斯时，才大吃一惊。而更使人吃惊的是高斯的算法，他发现：第一个数加最后一个数是 101，第二个数加倒数第二个数的和也是 101……共有 50 对这样的数，用 101 乘以 50 得到 5050。这种算法是教师未曾教过的计算等级数的方法，高斯的才华使彪特耐尔十分激动，下课后特地向校长汇报，并声称自己已经没有什么可教高斯的了。

2．等比数列

根据历史传说记载，国际象棋起源于古印度，至今见诸文献最早的记录是在萨珊王朝时期用波斯文写的。据说，有位印度教宗师见国王自负虚浮，决定给他一个教训。他向国王推荐了一种在当时尚无人知晓的游戏。国王当时整天被一群溜须拍马的大臣们包围，百无聊赖，很需要通过游戏方式来排遣郁闷的心情。

国王对这种新奇的游戏很快就产生了浓厚的兴趣，高兴之余，他便问那位宗师，作为对他忠心的奖赏，他需要得到什么赏赐。宗师开口说道："请您在棋盘上的第一个格子上放 1 粒麦子，第二个格子上放 2 粒，第三个格子上放 4 粒，第四个格子上放 8 粒……即每一个次序在后的格子中放的麦粒都必须是前一个格子麦粒数目的倍数，直到最后一个格子第 64 格放满为止，这样我就十分满足了。""好吧！"国王哈哈大笑，慷慨地答应了宗师的这个谦卑的请求。

这位聪明的宰相到底要求的是多少麦粒呢？稍微算一下就可以得出：$1+2+2^2+2^3+2^4+\cdots+2^{63}=2^{64}-1$，这位宰相所要求的，竟是全世界在两千年内所产的小麦的总和！

如果造一个宽四米，高四米的粮仓来储存这些粮食，那么这个粮仓就要长三亿千米，可以绕地球赤道 7500 圈，或在日地之间打个来回。

国王哪有这么多的麦子呢？他的一句慷慨之言，成了他欠宰相西萨·班·达依尔的一笔永远也无法还清的债。

正当国王一筹莫展之际，王太子的数学教师知道了这件事，他笑着对国王说："陛下，这个问题很简单啊，就像 1+1=2 一样容易，您怎么会被它难倒？"国王大怒："难道你要我把全世界两千年产的小麦都给他？"年轻的教师说："没有必要啊，陛下。其实，您只要让宰相大人到粮仓去，自己数出那些麦子就可以了。假如宰相大人一秒钟数一粒，数完麦子所需要的时间，大约是 5800 亿年。就算宰相大人日夜不停地数，数到他自己魂归极乐，也只是数出了那些麦粒中极小的一部分。这样的话，就不是陛下无法支付赏赐，而是宰相大人自己没有能力取走赏赐。"国王恍然大悟，当下就召来宰相，将教师的方法告诉了他。

西萨·班·达依尔沉思片刻后笑道："陛下啊，您的智慧超过了我，那些赏赐……我也只好不要了！"当然，最后宰相还是获得了很多赏赐（没有麦子）。

第七节　研究数列的天才少女谈方琳

谈方琳，上海华东师范大学第二附属中学学生，"中学生英才计划"的一员。

她曾凭借课题"斐波拉契数列与贝祖数的估计"，在第 33 届上海市青少年科技创新比赛中获得一等奖和主席奖（初中生唯一奖）；2018 年，谈方琳因为在各类科创比赛中取得的出众成绩，受到上海青少年科学社的邀请，参加了首届世界顶尖科学家青年论坛还；2019 年 10 月受邀出席第二届世界顶尖科学家大会，蝉联"最年轻科学家"。她目前研究的问题是建立两个变量的两个多项式的雅可比和结式之间的恒等式关系。

2019 年 10 月 29 日，第二届世界顶尖科学家论坛在上海开幕。论坛共有 44 位诺贝尔奖得主和 21 位图灵奖、沃尔夫奖、拉斯克奖、菲尔兹奖获得者到场，以及众多全球优秀青年科学家和中外院士科学家，可以说是汇集了"全球最强大脑"！论坛还邀请了一群"00 后科学家"参加，他们大多出生于 2001—2004 年。这些科学家一起围绕"科技，为了人类共同命运"这一主题，深度探讨化学、物理学、医学、计算机等领域最新研究成果以及未来趋势展望。

论坛有一个非常有趣的环节，叫作"桌布讨论"。在场嘉宾被分成 15 桌，每桌会有 1～2 位顶尖科学家坐镇，他们会跟同桌的十几位青年科学就各式各样的前沿科学话题进行"头脑风暴"。而其中一个圆桌上，一位女孩引起了人们的注意。

她是所有到场小科学家中，最年轻的一位！年仅 15 岁，来自华师大二附中高谈方琳。

谈方琳的父母都是华东师范大学的数学老师，她小学就读于华东师范大学附属小学，初中就读于上海市延安初级中学，高中考入了华师大二附中。受父亲的影响，谈方琳从小就对数学感兴趣。小学阶段参加了一些数学竞赛的补习班，"主要是去学知识，没有去参加数学竞赛，因为参加竞赛要刷题，会占用很多时间。"初一时，她发现自己对数论方向更感兴趣，于是父亲帮她联系了华东师范大学研究数论的一个数学教授。

从初一暑假开始，谈方琳跟着这个教授做研究。其间，她还在教授的引导下，自己去翻阅《美国数学月刊》上的相关文章。她随后的课题成果，就是改进了加拿大数学家 Rankin 教授于 2013 年在《美国数学月刊》上给出的一个粗糙的估计式。谈方琳也是"中学生英才计划"中的一员。

谈方琳是个对科研执着的女孩。2018 年，她与 2004 年诺贝尔物理学奖得主弗兰克·维尔泽克面对面交流，"弗兰克教授说保持对科学的好奇与兴趣，面对科研难题时的勇敢无畏都很重要。"一年来，谈方琳更加努力，"和这些大科学家面对面交流，激发了我做科学研究的热情。虽然学习任务很重，但我仍然坚持做一些数学上的小研究。"谈方琳这么描述自己一年来的成长历程。

2019 年，谈方琳对话的是光遗传学创始人、2019 年沃伦阿尔珀特奖获得者吉罗·麦森伯克。在交流环节，她用流利的英语向吉罗教授请教："请问，您认为做课题最重要的个人品质是什么？"吉罗教授告诉她，对于研究者而言，最重要的是面对困难和失败的时候学会调整心态，重新开始。因为科研过程中，失败总是要比成功多很多。

"这个回答对我太有启发了。"谈方琳说，自己最近在做的一个课题比较难，快两个月了还一直没有进展，就有些丧气。听了教授的鼓励后，她意识到，遇到困难，更要勇于坚持。

第八章　向人间游遍朱门，量蟠英伟气和愉

第一节　向量从哪儿来

向量最初应用于物理学，被称为矢量，很多物理量，如力、速度、位移、电场强度、磁感应强度等都是向量。

大约公元前 350 年，古希腊著名学者亚里士多德（Aristotle，公元前 384—前 322）就知道力可以表示成向量。向量一词来自力学、解析几何中的有向线段。

最先使用有向线段表示向量的是英国大科学家牛顿（Newton，1642—1727）。

我们把既有大小又有方向的量叫作向量，也称为矢量。向量是一种带几何性质的量，除零向量外，总可以划出箭头表示方向，线段长表示大小的有向线段来表示它。

1806 年，瑞士人阿尔冈（R. Argand，1768—1822）以 $\overrightarrow{AB}$ 表示一个有向线段或向量。

1827 年，莫比乌斯（Mobius，1790—1868）以 $\overrightarrow{AB}$ 表示起点为 A，终点为 B 的向量，这种用法被数学家广泛接受。

另外，哈密尔顿（W. R. Hamilton，1805—1865）、吉布斯（J. W. Gibbs，1839—1903）等人则以小写希腊字母表示向量。1912 年，兰格文用 a 表示向量，以后，字母上加箭头表示向量的方法逐渐流行，尤其在手写稿中。为了方便印刷，用粗黑小写字母 a，b 等表示向量，这两种符号一直沿用至今。

向量进入数学并得到发展，是从复数的几何表示开始的。1797 年，丹麦数学家威塞尔（C. Wessel，1745—1818）利用坐标平面上的点（a，b）来表示复数 $a+bi$，并利用具有几何意义的复数运算来定义向量的运算。把坐标平面上的点用向量表示出来，并把向量的几何表示用于研究几何与三角问题。人们逐步接受了复数，也学会了利用复数表示、研究平面中的向量。

第二节　从田忌赛马看向量优化

向量优化理论的应用研究是向量发展的一个重要方向，近年来向量优化问题已经成为国际优化领域的重点研究对象之一。向量优化问题是向量优化理论与方法研究领域中十分重要的研究方向。该问题除了在数学领域的有效应用之外，在经济分析、生

态规划建设等诸多领域也有着广泛的应用，相比于向量在数学领域只是单一的数值上的解答，在其他领域的应用中，向量优化问题更趋向于一种均衡的关系，使得事物在均衡关系中得到有效的发展，从而实现经济效益和社会效益的最大化。于是一门新的学科运筹学应运而生，运筹学主要研究经济活动和军事活动中能用数量来表达的有关策划、管理方面的问题。下面我们一起来了解田忌在赛马中是怎样反败为胜的。

在中国战国时期，齐国的大将田忌，很喜欢赛马，有一回，他和齐威王约定，要进行一场比赛。他们商量好，把各自的马分成上，中，下三等。比赛的时候，要上马对上马，中马对中马，下马对下马。由于齐威王每个等级的马都比田忌的马强得多，所以比赛了几次，田忌都失败了。

田忌觉得很扫兴，比赛还没有结束，就垂头丧气地离开赛马场。这时，田忌抬头一看，人群中有个人，原来是自己的好朋友孙膑。孙膑招呼田忌过来，拍着他的肩膀说："我刚才看了赛马，威王的马比你的马快不了多少呀。"

孙膑还没有说完，田忌瞪了他一眼："想不到你也来挖苦我！"

孙膑说："我不是挖苦你，我是说你再同他赛一次，我有办法准能让你赢了他。"

田忌疑惑地看着孙膑："你是说另换一匹马来？"

孙膑摇摇头说："连一匹马也不需要更换。"

田忌毫无信心地说："那还不是照样得输！"

孙膑胸有成竹地说："你就按照我的安排办事吧。"

齐威王屡战屡胜，正在得意扬扬地夸耀自己马匹的时候，看见田忌陪着孙膑迎面走来，便站起来讥讽地说："怎么，莫非你还不服气？"

田忌说："当然不服气，咱们再赛一次！"说着，"哗啦"一声，把一大堆银钱倒在桌子上，作为他下的赌钱。

齐威王一看，心里暗暗好笑，于是吩咐手下，把前几次赢得的银钱全部抬来，另外又加了一千两黄金，也放在桌子上。齐威王轻蔑地说："那就开始吧！"

一声锣响，比赛开始了。

孙膑先以下等马对齐威王的上等马，第一局输了。齐威王站起来说："想不到赫赫有名的孙膑先生，竟然想出这样拙劣的对策。"

孙膑不去理他。接着进行第二场比赛。孙膑拿上等马对齐威王的中等马，获胜了一局。齐威王有点心慌意乱了。

第三局比赛，孙膑拿中等马对齐威王的下等马，又战胜了一局。这下，齐威王目瞪口呆了。

比赛的结果是三局两胜，当然是田忌赢了齐威王。

还是同样的马匹，由于调换一下比赛的出场顺序，就得到转败为胜的结果。

田忌赛马的故事说明在已有的条件下，经过筹划、安排，选择一个最好的方案，就会取得最好的效果。可见，筹划安排是十分重要的。

运筹学的思想在古代就已经产生了。敌我双方交战，要克敌制胜就要在了解双方情况的基础上，做出最优的对付敌人的方法，这就是"运筹帷幄之中，决胜千里之外"的说法。

随着科学技术和生产的发展，运筹学已渗入很多领域里，发挥了越来越重要的作用。运筹学本身也在不断发展，现在已经是一个包括好几个分支的数学部门了。比如：数学规划（又包含线性规划；非线性规划；整数规划；组合规划等）、图论、网络流、决策分析、排队论、可靠性数学理论、库存论、对策论、搜索论、模拟等。

运筹学有广阔的应用领域，它已渗透到诸如服务、库存、搜索、人口、对抗、控制、时间表、资源分配、厂址定位、能源、设计、生产、可靠性等各个方面。

第三节 向量的"威力"

在我们的现实生活中，同学们也许有这样的经历：当你在大风中行走或骑行，顺风时，轻松而快速，逆风时，就感受到了阻力，比较困难；在打羽毛球时，在有风的情况下会偏离方向，射箭运动员在射箭时，不仅要考虑重力对箭飞行的影响，还要考虑风力对箭的干扰。诸如此类这些现象，都可以用数学中的向量来解释。

在实际问题中，往往会遇到一些量，需要更多的实数来表示。比如，期末进行了五门考试，每个学生的考试成绩情况可用顺序排列的五科成绩来表示。在汽车生产线上，对装配好的汽车进行制动距离、最高车速、每千米油耗量、滑行距离、噪声、废气排放量等六项指标的测试，那么每辆新车可用六元有序实数组刻画。

为研究某种商品的销售量是否随季节的变化而出现规律性的变化，采集了 5 年该种商品每月销售量的数据。每年该商品的销售量可用 12 个月的销售量所形成的 12 维向量表示，观察这一向量的 12 个分量，就可看出这 5 年月平均销售量是否与季节的变化有关。这是一个应用向量线性运算的例子。

某企业要为一万名职工制作工作服，每人测量身高、胸围、腰围三个指标。每个人的身材用三维向量表示，并把它看成三维空间中的一个点。现准备制作五种型号，需要测量每种型号的服装制作多少套。用数学语言来描述，就是如何将一万个点分成五类，一种常用的分类方法是依据"距离"来分。五种标准型号为五个点，得用两点距离的计算公式，计算每个人的身材点与五个标准点的距离，与哪个标准点的距离最近就归入哪一类。最后，计算出属于每一类的点数，就是这一类服装所需要的套数（实际计算中应将数据标准化）。如今是计算机的世界，上述计算不再令人生畏，向计算机输入数据，计算机能在很短时间内完成计算任务。

如果同学们留意的话，会发现向量的"力量"十分强大。有序实数组构成的向量，比几何向量的应用更加广泛。在日常生活和科学研究中，有许多量都可以用实数组构成的向量来表示，并可用向量理论研究这些量的性质。

第四节　帆船运动中的"见风使舵"

帆船是人类向大自然作斗争的一个见证，帆船历史同人类文明史一样悠久。帆船是利用风力前进的船，由人驾驶船只行驶的一项水上运动，它集竞技、娱乐、观赏和探险于一体，备受人们的喜爱，也是各国人民进行海洋文化交流的重要渠道。15 世纪初期，中国明代郑和率领庞大船队 7 次出海，到达亚洲和非洲三十多个国家。

中国宋、元、明、清时代使用过的帆船有平底沙船、尖底的福船、广船和快速小船鸟船，以及大型战船楼船和运粮的漕船。帆船通常为单体，也有抗风浪较强的双体船。帆船主要靠帆具借助风力航行，靠桨、橹和篙作为无风时推进和靠泊与起航的手段。

中国人早在战国时代（公元前 3 世纪）就已经使用"纵帆"）了。纵帆利用分力、合力原理，可以"船驶八面风"，只有"当头风"不可行驶。不过到 16 世纪，由于想出了"调戗使斗风"的办法，逆风也能行船了。所谓"调戗"，指的是调整船头方向，把当头逆风转变成侧斜风，这样它就也能推动船只呈之字形前进。

利用纵帆就是要能灵活调整船头方向。在中国，那是通过使用安置在船尾的"舵"来实现的。现在成语词典收有"见风使舵"（或作"看风使舵"），那是一条来自"俗语"而非来自"典故"的成语，讲的正是按照风向操纵舵来调整航向。它本无贬义，不幸的是现在往往被用指不讲原则，随风倒的圆滑、世故做法。

中国早在西汉（约公元前 1 世纪）就开始用橹了，划桨需要把桨提出水面，既做虚功又浪费时间，而橹是连续划水的，用的是鱼摇动尾巴前进的原理，所以有"一橹三桨"之说。欧洲人很晚才开始考虑以中国的橹来代替他们的桨，但由于不久后发明了推进效能更好的轮桨，就没再考虑用橹的事。不过要指出，轮桨的真正发明者也是中国人，时间比富尔顿早了一千多年。《旧唐书·李皋传》载："挟二轮蹈之，翔风鼓浪，疾若挂帆席。"可见唐代（公元 8 世纪）已经知道用

以足踩踏的轮桨来代替用手划动的桨。轮船在中国古代叫"车船"，根据现有记载，宋代岳飞与杨幺的水战（12 世纪），便是一次车船大战。

总之，除在中国古代"四大发明"之一的罗盘之外，我们对造船与航海技术还有许多重要贡献。欧洲人从东方学去的五项技术里，四项都源于中国，而这些技术对他们帆船时代的造船与航海都起了非常重要的作用。现在已经是"后帆船时代"，除体育运动外，已经基本上见不到帆船的身影，但舵、水密隔舱、船体形状这三项技术仍在继续应用，而且毫无疑问还会一直应用下去。

第五节　你了解手机定位系统吗

手机定位系统，它是指通过特定的定位技术来获取移动手机或终端用户的位置信息（经纬度坐标），在电子地图上标出被定位对象的位置的技术或服务。

手机定位系统不一定是手机 GPS 定位，首先说一下定位技术，定位技术有两种，一种是基于 GPS 的定位，一种是基于移动运营网的基站的定位。基于 GPS 的定位方式是利用手机上的 GPS 定位模块将自己的位置信号发送到定位后台来实现手机定位的。基站定位则是利用基站对手机的距离的测算距离来确定手机位置的。后者不需要手机具有 GPS 定位能力，但是精度很大程度依赖于基站的分布及覆盖范围的大小，有时误差会超过一公里。前者定位精度较高。此外还有利用 Wifi 在小范围内定位的方式。

手机定位系统按照提供服务的方式可以分为两种：自有手机定位系统与公用定位系统。根据手机的不同的功能可以有可以分为两种定位，短信版手机定位和 WAP 版手机定位。合理的使用这些定位系统，可以给生活或者工作提供很多便利。

再谈谈手机卫星定位与 GPS 定位系统的区别。

手机定位系统的作用主要用在寻人找人的技术上，GPS 定位系统可以在找人找车中起到一定的辅助作用，最早发明 GPS 定位系统的是美国，在民间调查行业使用的是在 2005 年上半年，GPS 定位系统的实现原理详细分析：

GPS 全球卫星定位系统是由美国政府所发展，整个系统约分成下列三个部分：

太空卫星部分：该部分由 32 颗绕极卫星所组成，分成六个轨道，绕行地球一周约 12 小时。每个卫星均持续着发射载有卫星轨道数据及时间的无线电波，提供地球上的各种接收机来应用。

地面管制部分：这是为了追踪及控制上述卫星运转，所设置的地面，管制站，主要工作为负责修正与维护每个卫星能保持正常运转的各项参数数据，以确保每个卫星都能提供正确的讯息给使用者接收机来接收。手机定位系统、软件、查询、跟踪。

GPS卫星　WiFi热点　手机　通信基站

使用者接收机：追踪所有的 GPS 卫星，并实时地计算出接收机所在位置的坐标、移动速度及时间，即属于此部分。一般民间所能拥有及应用的，就是第三部分。计算原理为每个太空卫星在运行时，任一时刻都有一个坐标值来代表其位置所在，接收机所在的位置坐标为未知值，而太空卫星的讯息在传送过程中，所需耗费的时间，可经由比对卫星时钟与接收机内的时钟计算之，将此时间差值乘以电波传送速度，就可计算出太空卫星与使用者接收机间的距离，如此就可依三角向量关系来列出一个相关的方程式。

　　一般使用的接收机就是依上述原理来计算出所在位置的坐标数据，每接收到一颗卫星就可列出一个相关的方程式，因此在至少收到三卫星后，即可计算出平面坐标值，收到四颗则加上高程值，五颗以上更可提高准确度，这就是 GPS 的基本定位原理。

　　除了可以利用手机地图进行导航之外，比如定位游戏就将影响到手机游戏产业的格局。另外，通过小区广播的形式，对用户进行精准的无线广告的营销也是手机定位的应用之一。当然，对于定位广告运营商还在思考其营运模式。从行业应用来讲，手机定位则主要应用在车辆调度、物流、监控等领域。尽管手机定位可以和不同的行业应用相结合，但获取衣食住行方面的实用信息以及基于娱乐的位置游戏等需求仍是个人消费市场的主要应用热点。

*第六节　数字图像处理算法及原理——相似图片搜索（直方图相似度）

　　计算机中，每张图片都可以生成其灰度图像直方图（histogram）。如果两张图片的直方图很接近，就可以认为它们很相似。因此，我们可以利用两幅图像的直方图来进行相似度的比较。原理较为简单，具体算法如下：

　　（1）获得输入灰度图像的直方图分布；

　　（2）将直方图划分为 64 个区，每个区为连续的 4 个灰度等级；

　　（3）对每个区的 4 个值进行求和运算，得到 1 个数据，如此，会得到 64 个数据，即为该幅图像的一个向量（指纹）；

　　（4）根据步骤（1）（2）（3），我们将输入的两幅图像转化为了 2 个向量，记为 A、B；

　　（5）计算两个向量的相似度，可以用皮尔逊相关系数或者余弦相似度计算，这里我们介绍"余弦相似度"。

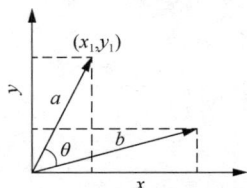

　　余弦相似度用向量空间中两个向量夹角的余弦值作为衡量两个个体间差异的大小。余弦值越接近 1，就表明夹角越接近 0 度，也就是两个向量越相似，这就叫"余弦相似性"。

　　我们知道，对于两个向量，如果他们之间的夹角越小，那么我们认为这两个向量是越相似的。余弦相似性就是利用了这个理论思想。它通过计算两个向量的夹角的余弦值来衡量向量之间的相似度值。余弦相似性推导公式如下：

$$\cos(\theta) = \frac{a^2 + b^2 - c^2}{2ab},$$

$$\cos(\theta) = \frac{a \cdot b}{\|a\| \times \|b\|},$$

$$= \frac{(x_1, y_1) \cdot (x_2, y_2)}{\sqrt{{x_1}^2 + {y_1}^2} \times \sqrt{{x_2}^2 + {y_2}^2}}$$

$$= \frac{x_1 x_2 + y_1 y_2}{\sqrt{{x_1}^2 + {y_1}^2} \times \sqrt{{x_2}^2 + {y_2}^2}}$$

$$\cos(\theta) = \frac{\sum_{i=1}^{n}(x_i \times y_i)}{\sqrt{\sum_{i=1}^{n}(x_i)^2} \times \sqrt{\sum_{i=1}^{n}(y_i)^2}}$$

$$= \frac{a \cdot b}{\|a\| \times \|b\|}$$

第九章　平面图形升高处，圆锥曲线画豪情

第一节　圆锥曲线的发展历史

说到圆锥曲线，我想大家都非常熟悉，椭圆，双曲线和抛物线通称为"圆锥曲线"。那么为什么叫圆锥曲线呢？难道和圆锥还有关系？你别说还真是。这要从 2000 多年前的古希腊数学家阿波罗尼奥斯（约公元前 262—190 年）谈起。

阿波罗尼奥斯常和欧几里得、阿基米德合称为亚历山大时期的"数学三杰"。时间约公元前 300 年到前 200 年，这是希腊数学的鼎盛时期或"黄金时代"。阿波罗尼奥斯年轻时到亚历山大跟随欧几里得的后继者学习。阿波罗尼奥斯总结了前人的经验和成果，写了一部经典巨著《圆锥曲线论》，一共 8 大卷，共 487 个命题，前 4 卷的希腊文本和其次 3 卷的阿拉伯文本保存了下来，最后一卷遗失。写作风格和欧几里得、阿基米德是一脉相承的，先设立若干定义，再由此依次证明各个命题。阿波罗尼奥斯在其著作中使用纯几何方法将圆锥曲线的性质网罗殆尽，几乎不给后人留有任何研究的余地，堪称希腊几何的最高水平。与欧几里得的《几何原本》同被誉为古代希腊几何的登峰造极之作。

我们很难想象，2000 多年前在没有现代代数符号的情况下，他是如何发现并证明了百多条优美而深奥的定理的。不愧是"数学三杰"之一！阿波罗尼奥斯不拘泥于古已有之的内容和方法，富于想象，大胆创新，正如他所说的："模仿只会仿制他所见到的事物，而想象则能创造他所没有见过的事物。"他改进了前人的方法，采用平面切割圆锥的方法来研究这几种曲线。用垂直于锥轴的平面去截圆锥，得到的是圆；把平面渐渐倾斜，得到椭圆；当平面倾斜到"和且仅和"圆锥的一条母线平行时，得到抛物

线；用平行于圆锥的轴的平面截取，可得到双曲线的一支。

在这本巨著问世后，经过了漫长的 13 个世纪，整个数学界对于圆锥曲线的研究都没有什么新的进展。直到 16 世纪西方近代科学开始蓬勃发展，有两件重大事情的发生推动了圆锥曲线的研究。一是德国天文学家开普勒继承了哥白尼的日心说，发现了行星运动的三大定律，揭示出行星按椭圆轨道环绕太阳运行的事实；二是意大利物理学家伽利略提出运动合成的概念，得出物体斜抛运动的轨道是抛物线。人们发现圆锥曲线不仅是依附在圆锥面上的静态曲线，而且是自然界物体运动的普遍形式。

其后法国数学家笛卡尔和费马创立了解析几何，建立了坐标系的概念，用数学方程来研究物体的运动轨迹，因此数学家们可以很方便的研究圆锥曲线的各种性质，而圆锥曲线无非就是 x，y 两个变数的二次方程式而已。1745 年欧拉发表了《分析引论》，这是解析几何发展史上的一部重要著作，也是圆锥曲线研究的经典之作。在这部著作中，欧拉给出了现代形式下圆锥曲线的系统阐述，从一般二次方程出发，圆锥曲线的各种情形，经过适当的坐标变换，总可以化为某种标准形式。

总而言之，圆锥曲线无论在数学以及其他科学技术领域，还是在我们的实际生活中都占有重要的地位，人们对它的研究也不断深化，其研究成果又广泛地得到应用。这正好反映了人们认识事物的目的和规律，从而推动科学技术不断发展。

第二节　笛卡尔和几何学

笛卡尔法国著名哲学家，数学家和科学家。被称为解析几何之父。1596 年出生在法国中部的笛卡尔镇（为纪念他而改名），家里是地位比较低的贵族家庭，家境还过得去。1 岁时母亲染病去世了，父亲另娶，小笛卡尔是由外祖母养大的，从小体弱多病。虽然身体不好，但小笛卡尔非常聪明，勤于思考，对许多事物都喜欢寻根问底，决不盲目接受别人观点。小时候在教会学校学习的时候，校长看他身体不好，为了照顾他特许可以不参加早晨的宗教仪式，这样笛卡尔不必一早就到学校上课，可以在床上学习。这让笛卡尔可以根据自己的爱好学习，博览群书，特别喜欢数学和哲学。

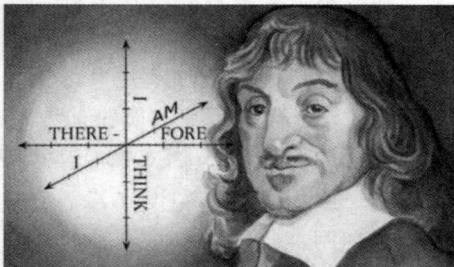

1616 年，笛卡尔遵从父亲的希望进入普瓦捷大学学习法律与医学，毕业后笛卡尔没有成为一名律师，而是决定游历世界，在世界这本大书中去寻找科学的真理。于是他加入了荷兰军队，随着部队出征。在军队服役和周游欧洲期间他继续注意"收集各

种知识"，"随处对遇见的种种事物注意思考"。一天，他看见有很多人围着路旁的公告栏，原来是数学题征答，很感兴趣，在和路人探讨的过程中，结识了荷兰的数学家、物理学家以撒·贝克曼。贝克曼比笛卡尔大八岁，知识渊博，从此成为他的导师，给了笛卡尔很多帮助。笛卡尔后来写信说：你是将我从冷漠中唤醒的人，唤醒了在我心中几乎已经被我完全遗忘了的科学兴趣。你把一个业已离开科学的心灵带回到最正当、最美好的路上。在贝克曼的推动下，他开始撰写自己有关数学的论文，逐渐形成后来建立解析几何的那些基本思想。

笛卡尔认为，希腊的几何学，局限于考察图形，缺少一般化的规则，束缚了人的想象力；而对于当时流行的代数，他认为一味拿规则和数字摆弄人，缺乏直观性，不能提高人们的思维能力；因此，笛卡尔就开始思考如何将几何学中直观性的优点和代数学中"按部就班地算"的优点结合起来。为此他日以夜继的钻研，终于在1637年笛卡尔发表了科学巨作《方法论》，而在附录中他还增添了另一本著作《几何》。

这本书是笛卡尔唯一公开发表的数学著作，这本书的发表，标志着解析几何学的诞生，是数学史上划时代的光辉巨著。解析几何的创立是数学史上一次划时代的转折。在书中他创立了平面直角坐标系。用平面上的一点到两条固定直线的距离来确定点的位置，用坐标来描述空间上的点。直角坐标系的创建，在代数和几何上架起了一座桥梁，它使几何概念可以用代数形式来表示，几何图形也可以用代数形式来表示，于是代数和几何就这样合为一家人了。最为可贵的是，笛卡尔用运动的观点，把曲线看成点的运动的轨迹，不仅建立了点与实数的对应关系，而且把形和"数"两个对立的对象统一起来，建立了曲线和方程的对应关系。

此外，现在使用的许多数学符号都是笛卡尔最先使用的，这包括了已知数 a，b，c 以及未知数 x，y，z 等，还有指数的表示方法。他还发现了凸多面体边、顶点、面之间的关系，后人称为欧拉-笛卡尔公式。还有微积分中常见的笛卡尔叶形线也是他发现的。

关于笛卡尔发明坐标系，传说还有这样一个故事。有一次，笛卡尔生病卧床，又想起了困扰他很久的问题：怎么样把代数和几何结合起来呢?该从哪里入手呢？突然，他看见屋顶上的一只蜘蛛拉着丝垂了下来。一会儿，蜘蛛又顺着丝爬了上去，在屋顶上左右爬行。笛卡尔看到蜘蛛的表演，突然大受启发。他想，可以把蜘蛛看作一个点，他在屋子里上、下、左、右运动，能不能用数字把蜘蛛在某一个时刻的位置表示出来呢?他又想，屋子里相邻的两面墙，再加上地面总共可以交出三条直线，如果把地面作为起点，把交出的三条直线作为三个数轴，那么空间中任何一点的位置，不就可以在这三根数轴上，找到三个对应的有顺序的数字来表示了吗?同样的道理，平面上点的位置就可以用两个有顺序的数字来表示。于是在蜘蛛的帮助下，加上平时思考的积累，笛卡尔发明了直角坐标系，找到了连接代数与几何的桥梁。

解析几何的出现，改变了自古希腊以来代数和几何分离的趋向，使几何曲线与代数方程相结合。笛卡尔的这一天才创见，更为微积分的创立奠定了基础，从而开拓了变量数学的广阔领域。

第三节　微积分的建立

解析几何的问世，使得代数方法应用于几何，为数学的研究打开了一道全新的大门，变量被引入数学，成为微积分的基石。在 17 世纪，英国迅速崛起成为世界的霸主，其迅速扩张与勃勃野心，需要更为先进的度量及计算方法，这极大地促进了数学的发展。牛津和剑桥两所著名大学，涌现出大批社会急需的科学家，其中最突出最耀眼的莫过于艾萨克·牛顿。

关于牛顿，大家最为熟悉的恐怕还是被苹果砸出的万有引力，其实牛顿也是一名伟大的数学家。想必人人都熟悉牛顿说过一句话：如果我比别人看得更远些，那是因为我站在巨人的肩膀上。这当然不难理解，牛顿的重大发现是在前人的基础上的。在牛顿之前，已有费尔马、开普勒这些先驱，已经意识到微积分的一些方法，这些人就是牛顿眼里的巨人了。牛顿在 1665 年瘟疫大流行时从剑桥回到家乡林肯郡，当时他才 22 岁。在这神奇的两年中，他提出了新的光学理论，发现了万有引力，并初步开创了一个革命性的数学领域微积分。牛顿在 1665 年 11 月发明了"正流数术"（微分学），次年发明了"反流数术"。牛顿从运动学的角度在《流数法与无穷级数》中对微分和积分给出了广泛明确的说明。他把连续变量叫作流动量，把这些流动量的导数叫做流数。牛顿在流数术中所提出的中心问题是：已知连续运动的路径，求给定时刻的速度（微分法）；已知运动的速度求给定时间内经过的路程（积分法）。

几乎在同一时间，德国数学家莱布尼茨独立地从几何学的角度发现了微积分理论。莱布尼茨最先是从帕斯卡尔的一篇关于圆的论文中获得了灵感；莱布尼茨引入了积分符号，给出了幂级数

的微分和积分公式；对微积分，莱布尼茨意识到"求切线不过是求差，求积不过是求和"；确定了微积分基本定理。他也是历史上最伟大的符号学者之一，他所创设的微积分符号，远远优于牛顿的符号，这对微积分的发展有极大的影响。现在我们使用的微积分通用符号还是当时莱布尼茨精心选用的呢。莱布尼茨在巴黎的四年里，幸运的遇见了惠更斯，得到了惠更斯的悉心指导。由于那个时代的数学基础还十分有限，而莱布尼茨勤奋好学，取得了辉煌的成就。莱布尼茨在数学上发明了微积分；发明了二进制，并制造了机械计算机；建立了行列式理论；发现了圆周率的无限级数表达式

$$\frac{\pi}{4} = 1 - \frac{1}{3} + \frac{1}{5} - \frac{1}{7} + \cdots$$ 这个公式结束了圆周率的精确计算的竞争，要知道在古代的数学上，圆周率的研究和计算一定程度上代表了该时代的数学水平。

在数学史上，关于微积分创立的优先权问题发生了一场激烈的争论，英国皇家学会为此还成立了专门的评判委员会，经过长时间的调查，裁定牛顿与莱布尼茨分别独立的创立了微积分。他们创立微积分的途径和方法不同，牛顿主要是在力学研究的基础上，运用几何方法来研究微积分；莱布尼茨主要在研究曲线的切线和面积问题上，运用分析方法引进微积分的概念。他们各有特点，侧重点不同，为了纪念他们，人们将微积分的基本定理称为"牛顿-莱布尼茨"公式。

一门科学的创立绝不是某一个人的业绩和功劳，他必定是经过无数人的努力后，在积累了大量成果的基础上，最后由某个人或几个人总结完成的。微积分也是这样。此后，微积分学极大地推动了数学的发展，同时也极大地推动了天文学、力学、物理学、化学、生物学、工程学、经济学等自然科学、社会科学及应用科学各个分支中的发展。

第四节　数学发展的又一大进步

解析几何是自然科学和工程技术中一种最基本的数学工具，它的产生和发展，曾在数学发展过程中起过重要的作用。

解析几何诞生的实际背景更多的是来自对变量数学的需求。当时几何学已出现解决问题的乏力状态；代数已成熟到能足以有效地解决几何问题的程度。从 16 世纪开始，欧洲资本主义逐渐发展起来，进入了一个生产迅速发展，思想普遍活跃的时代。生产实践积累了大量的新经验，并提出了大量的新问题。可是，对于机械、建筑、水利、

航海、造船、显微镜和火器制造等领域的许多数学问题，已有的常量数学已无能为力，人们迫切地寻求解决变量问题的新数学方法。

在 17 世纪初期，虽然许多优秀的数学家了解到这种需要，并已接触了一些解析几何的概念，但其中较先认识到创建解析几何这门新学科的是法国的数学家笛卡尔和费马。他们的出发点不同，但却殊途同归。笛卡尔在 1637 年发表的《几何》中将几何和代数结合起来，奠定了解析几何的基础，开启了变量数学的新时代。费马 1630 年发表了《平面与立体轨迹引论》，他指出："两个未知量决定的一个方程式，对应着一条轨迹，可以描绘出一条直线或曲线。"费马的发现比勒奈·笛卡尔发现解析几何的基本原理还早七年。费马在书中还对一般直线和圆的方程以及关于双曲线、椭圆、抛物线进行了讨论。笛卡尔是从一个轨迹来寻找它的方程的，而费马则是从方程出发来研究轨迹的，这正是解析几何基本原则的两个相对的方面。

由于生产和科学实践的需要，解析几何有了广泛的应用，因而不断地发展起来，沃利斯于 1655 年在他的著作《论圆锥曲线》中第一次得到了圆锥曲线方程，而且他还是第一个引进负坐标的人。而牛顿在 1704 年，对于二次和三次曲线理论进行了较系统的研究。特别是，得到了"直径"的一般理论。1748 年，著名的数学家欧拉在他的《分析引论》著作中，论述并发展了解析几何，他不仅对二次曲线进行了详细讨论，而且还研究了高阶曲线。在欧拉之后，拉格朗日对解析几何的发展作出了重大贡献。他把力、速度、加速度表示为有向线段。有向线段沿坐标的分解系数或有向线段在轴上的射影是一组数。这样，有向线段就可以和数组对应起来，也就是所谓的"算术化"。由于数学和物理在电学的影响下，广泛地讨论和使用了有向线段的理论，因此，后来就被称为向量。向量理论现已成为解析几何的主要组成部分。

解析几何的出现，不仅是数学发展中的一大进步，而且推动着微积分以及整个数学科学突飞猛进。解析几何的创建最重要的一点是在数学中引进了变数。变数的引入是数学发展的一个转折点，是数学史上非常重要一件事情，推动了数学的发展，使数学进入了一个新的发展时期，这个时期称为变量数学时期。恩格斯曾对解析几何作过这样的评价：数学中的转折点是笛卡尔的变数，有了变数，运动进入了数学；有了变数，辩证法进入了数学；有了变数，微分和积分也就立刻成为必要的了。17 世纪，解析几何的诞生，使得以前无法解决一些问题变得简单了，实现了数学从静向动的转变，从根本上改变了 17 世纪的数学面貌。正是解析几何的出现，牛顿和莱布尼茨才能总结前人经验和理论，建立微积分。

解析几何从产生到现在，经过漫长的发展道路。现代的解析几何无论是方法还是内容已发生了很大的变化。方法更加多样，内容更加丰富和广泛，特别是具有重要意义的变换、变换群以及不变量的理论已被引入解析几何。因而，仿射几何、射影几何已成为解析几何的一部分。它们在研究几何图形的仿射、射影性质，在研究二次曲线和二次曲面的分类理论，以及建筑、测绘等方面都有广泛的应用。

第五节　圆锥曲线的应用

圆锥曲线由古希腊数学家发现到现在已经2000多年了，随着对它不断深入的研究，发现它在人类的发展中起着越来越重要的作用。

一、用以刻画客观世界中物质的运动

宏观方面，天体运行的轨迹包含了三种圆锥曲线。德国天文学家开普勒继承了哥白尼的日心说，揭示出行星按椭圆轨道环绕太阳运行的事实。我们生活的地球每时每刻都在环绕太阳的椭圆轨迹上运行，太阳系其他行星也如此，太阳则位于椭圆的一个焦点上。之所以沿着椭圆轨道运动，是因为每一个行星在每一个瞬间都有不超过某一个值的速度。事实证明，假如这个速度过大了，运动就会沿着抛物线或双曲线轨道进行。相对于一个静止的物体，并按照万有引力定律受他吸引的物体运动，不可能有任何其他的轨道。因此，二次曲线实际上是以我们的宇宙为基础的。我们人类发射的人造地球卫星也要遵照这个原理。微观方面，卢瑟福散射中的粒子沿双曲线运动；玻尔的"电子在核外绕核作圆周运动"的量子化轨道也被推广到椭圆轨道。现实生活中，我们知道，斜抛射物体在仅受地球引力作用、不计空气阻力下的运动轨迹是抛物线，而简谐振动与液体流动中也都含有圆锥曲线。

二、"光学特性"在科技上的应用

抛物线、椭圆、双曲线各有其所谓"光学特性"，这些"光学特性"被应用于光学、声学、热学、电子学的各个领域而大放异彩。比如日常车灯和探照灯就利用了任何一条通过抛物面焦点的直线由抛物面反射出来之后，在指向上都平行于抛物面的轴。这意味着如果把探照灯做成抛物面的形状，并且把光源放在焦点上，那么从抛物面上反射回来的所有光线就形成一束平行光束。这样光线在离光源距离相当远的情况下，都很少扩散。天文望

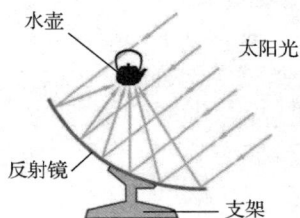

远镜上的反射镜也是利用抛物面的形状制作的。它的作用刚好和探照灯的作用相反，天文望远镜的反射面把来自宇宙的光线聚焦到自己的焦点上。只要用放大镜组瞄准这个焦点就行了，这样，我们就会得到聚焦到其光线的那个星球的信息，这比肉眼观察所能看见的信息多得多。而太阳灶同样利用了抛物线光学性质将平行的太阳光通过抛物面型的反射镜反射后汇聚到一点，实现给水壶加热的效果。

三、在建筑、生产用品制造上的应用

圆锥曲线在许多大型拱形、薄壳建筑上，在大量生产、生活用品制造上，亦有许多出众表现。如诸多著名桥梁的抛物线形设计，薄壳结构类建筑的椭圆状穹顶，热电站的双曲面冷淋塔。同样，抛物线、椭圆、双曲线也广泛存在于人们日常生活用品和生产用具上，这些妙用是由其特殊的形状和内在特性决定的。

四、曲线定义在技术上的应用

人对声源的确定与双耳效应有关。根据双耳时差，可以确定声音必定在以双耳为焦点的一条双曲线上。同样，若有三个固定的点，某一位置就可以根据接来自三点信号的时间差确定两条双曲线，这两条双曲线的交点就是其确定的位置。这就是"双曲线时差定位法"的基本原理。著名的"罗兰导航系统""全球卫星定位导航系统"等其原理也是一样的。

当古希腊数学家们发现圆锥曲线时，可能谁也没有想到，圆锥曲线在现实世界还有如此多样的存在方式；他们也不会想到，圆锥曲线的性质竟有如此出神入化的应用。数学来源于生活又服务于生活，数学的存在让我们的社会不断进步，丰富多彩。

第六节　数学语言美——图形语言

长期以来，一个令人困惑的现象是：一些同学视数学如畏途，兴趣淡漠，导致数学成绩普遍低于其他学科。"兴趣是最好的老师。"对任何事物，只有有了兴趣，才能产生学习钻研的动机。对数学不感兴趣的根本原因是没有体会到蕴含于数学之中的奇趣和美妙。我国著名数学家华罗庚说过："就数学本身而言，是壮丽多彩、千姿百态、引人入胜的。"而图形语言更能直观地展示数学之美。

一、黄金分割

著名的黄金分割比，约等于 0.618，这个比例被公认为是最能引起美感的比例，被达·芬奇称为 "神圣比例"。他认为"美感完全建立在各部分之间神圣的比例关系上"。维纳斯的美被所有人所公认，她的身材比也恰恰是黄金分割比。名画的主题，大都画在画面的 0.618 处，弦乐器的声码放在琴弦的 0.618 处，会使声音更甜美。人的脑电图波，若高低频率之比为 1：0.618 时，则是身心愉悦的时刻……真是奇妙无比。埃及金字塔闻名于世，形似方锥，大小各异，这些金字塔的高与底面边长的比都接近黄金比例，看上去特别的雄伟。帕台农神庙是希腊著名的景点，是供奉雅典娜女神的最大神殿。名字也来自雅典娜的别名。其立面高与宽的比例为 19：31，也接近黄金分割比，因此具有独特的美感。

二、对称之美

从古希腊的时代起，对称性就被认为是数学美的一个基本内容。毕达哥拉斯就曾说过："一切平面图形中最美的是圆，在一切立体图形中最美的是球形。"这正是基于这两种形体在各个方向上都是对称的。在所有的建筑中，最对称的建筑之一就是印度的泰姬陵。不仅主体建筑对称，就连水池边的瓷砖花纹、树木都对称。不仅左右对称，由于在水的倒映下，还上下对称。这种对称的构成能表达秩序、安静与稳定、庄重与威严等心理感觉，并能给人以美感。

中国的建筑就很好的应用了数学的对称美，中国古代建筑主要是以 "八"字形的尖顶房为主，它们都具有很强的对称性和稳定性。中国有许多的园林建筑也都应用了对称性这一点。我国许多古城的建筑，也都有自己严格的中轴线。在中轴线上，左右对称，城内街道呈棋盘格子状。故宫博物院采取严格的中轴对称的布局方式：中轴线上的建筑高大华丽，轴线两侧的建筑相对低小简单，同样给人一种庄严肃穆的感觉。

三、科赫曲线

科赫曲线是一种像雪花的几何曲线，所以又称为雪花曲线。先任意画一个正三角形，并把每一边三等分；然后取三等分后的一边中间一段为边向外作正三角形，并把这"中间一段"擦掉；如此一直重复上述两步，画出更小的三角形，就可以画出雪花了。现在已经有了一个专门的数学学科来研究像雪花这样的图形，这就是 20 世纪 70 年代由美国计算机专家曼德布罗特创立的分形几何。所谓分形几何就是研究不规则曲线的几何学。目前分形几何已经在很多领域得到了应用。

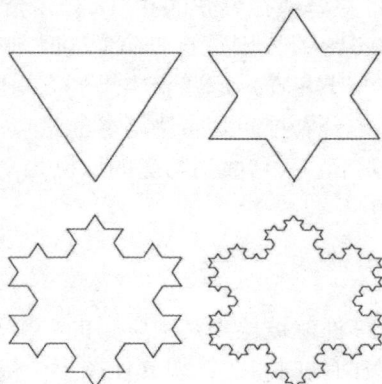

四、毕达格拉斯树

虽说数学是十分枯燥的，但是科学家总能从中找到无限的乐趣，毕达哥拉斯树就是由古希腊数学家毕达哥拉斯，利用勾股定理所画出的一个无限重复图形，当重复的次数够多时，就会形成一棵树的形状，所以也有人称之为"勾股树"。

赏心悦目的图形，在数学中传达出艺术的信息，使事物的数学性蕴含诗意，能将艺术家所感悟的美感通过作品呈现出来，让数学抽象的美丽拥有了具体的表象。

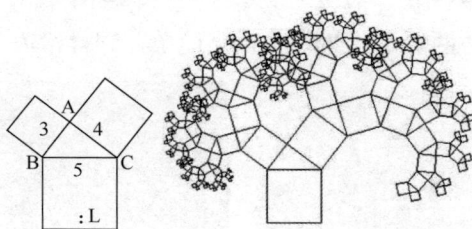

第七节　教你怎么画椭圆

椭圆是我们生活中常见的一种圆锥曲线，那么你知道它有哪些画法吗？

方法一：在生活中，我们可以在一个木板上固定两个钉子，找一根大于两个钉子之间距离的细绳，将细绳的两端系在两个钉子上面，然后用铅笔顶着细绳绕两个钉子画圈，这样就可以画出一个标准的椭圆了。

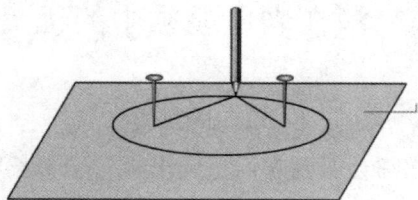

方法二：同心圆法。

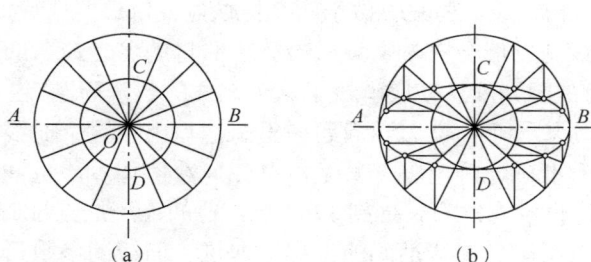

（a）　　　　　　　　　　（b）

在学习上我们还可以利用直尺和圆规来画出椭圆。

作图步骤：

（1）以长轴 AB 和短轴 CD 为直径画两同心圆，然后过圆心作一系列的直线与两圆相交；

（2）自大圆交点作垂线，小圆交点作水平线得到的交点就是椭圆上的点；

（3）用曲线板光滑的连接各点，即得所求椭圆。

方法三：四心圆法。

作图步骤：

（1）画出相互垂直的且平分的长轴 AB 和短轴 CD；

（2）连接 AC，并在 AC 上取 CE=OA-OC；

（3）作 AE 的中垂线，与长、短轴分别交于 O_1、O_2，再作对称点 O_3、O_4；

（4）以 O_1、O_2、O_3、O_4 各点为圆心，O_1A、O_2C、O_3B、O_4D 为半径，分别画弧，即得近似的椭圆。

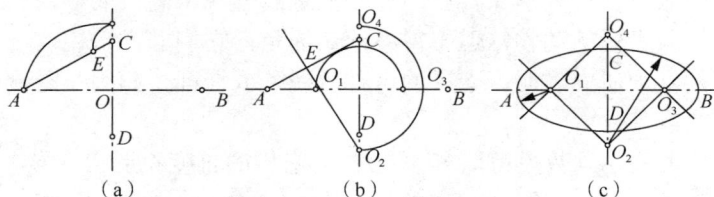

（a）　　　　　　　　（b）　　　　　　　　（c）

上面三种方法你学会了吗？快点动手来画一个标准的椭圆吧。

第八节　藏在老鼠胡须中的优美曲线

在自然界中，遍布着优美的螺线。无论是在海贝壳、羊角、海马和蜥蜴尾巴，还是在人类耳朵里的耳蜗，你都会看到它们呈现出具有沿着长度延伸的特别形状——对数螺线。在那些出现在自然界的特殊螺线中，有一种螺线被称为欧拉螺线。它被称为"最优美的平面曲线之一"。该曲线开始于原点，以零曲率零斜率向两边延伸，曲率随着其曲线的长度增长而增长，最后曲线收敛于两个镜像点或以这两个镜像点为圆心的圆。

虽然，欧拉螺线是以瑞士数学家莱昂哈德·欧拉的名字命名的，并不是因为欧拉发现了这个螺线，而是因为欧拉彻底解决了这个螺线的数学问题。这个曲线最早在1694年由詹姆士·贝努利从一个弹性力学问题提出，他写出了这个曲线的近似方程，但并没有解出来，也没有准确地画出来，甚至没有任何数值计算。也许他并没有把这个结果当回事，这个工作也没有发表。直到1744年，他的侄子尼克拉斯·伯努利将其整理后发表。同年，欧拉写出了曲线准确的方程，即这个曲线的参数形式是以菲涅耳积分表达，欧拉还得到其展开式。

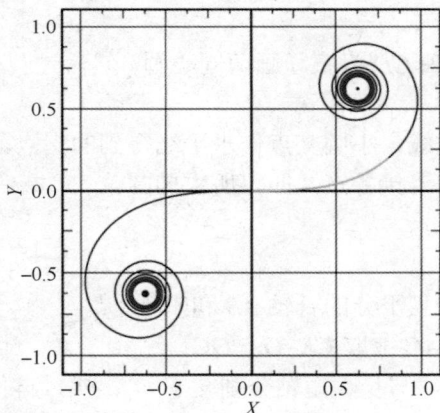

欧拉螺线有一个从平直到曲线的过渡。在最近一项发表于《科学进展》的研究中，数学家、生理学家以及行为学家甚至通过欧拉螺线发现了老鼠的秘密。在生活中，老鼠并不是一种受人喜爱的动物，但不得不承认的是，它们非常敏锐，以及有着强大的适应能力。新的这项研究表明，老鼠的这种敏锐，或许都要归因于隐藏在它们胡须中的数学。

一只老鼠脸上的胡须数量可以多达70根，它们的长度和形状各异，是老鼠的超级敏感且可移动的毛发。凭借这些毛发，老鼠可以探索和感知周围的环境。胡须是由已死亡的毛细胞组成的，它们位于一种特殊的敏感毛囊内。当胡须接触到物体时，毛囊会负责提取胡须的力和方向信息，再将这些信息传递给大脑。依据这些信息，老鼠可以感知物体，并判断其形状、大小和质地。

每根胡须的大小和自然形状会对它变形的方式以及抵达了毛囊的触觉信号产生强烈的影响。这意味着，用数学方程来描述胡须的形状将有助于我们理解毛囊接收到的信号。此外，从这个方程中我们还能得知，老鼠的胡须可能每天会从根部以相同的量生长，尽管这也可能受到季节和老鼠的食物量的影响。

研究人员从 15 只老鼠身上采集到的 523 根胡须，每根胡须都有不同的长度和形状。他们惊喜地发现，即使这些胡须形状各异，但都可以用一个简单的数学方程来准确描述，那就是欧拉螺线。

自然界充满了数学模式，数学可以让我们从一个新颖的角度去了解生物结构和生物系统是如何工作的。现在，研究人员通过分析老鼠的胡须是如何遵循欧拉螺线的，以及这种螺线在自然界的常见程度，推测出其他哺乳动物的胡须很可能也遵循类似的规则。

无论是设计铁路轨道或道路中的过渡段，还是寻找赛车通过弯道时的最佳路径，欧拉螺线都有其用武之地。除此之外，在解决如何将平面地图投射到地球仪上，以及改进微波操作等方面，也都离不开这种美丽的曲线。

第十章　几何三维紧相连，思维展翅飞云天

第一节　几何学一统江湖

几何学是一门古老而实用的科学，是自然科学的重要组成部分。在史学中，几何学的确立和统一经历了二千多年，数百位数学家做出了不懈的努力。

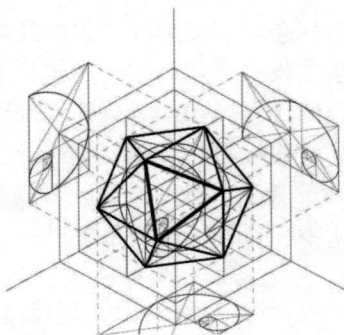

一、欧氏几何的创始

公认的几何学的确立源自公元 300 多年前，希腊数学家欧几里得著作《原本》。欧几里得在《原本》中创造性地用公理法对当时所了解的数学知识作了总结。全书共有13 卷，包括 5 条公理，5 条公设，119 个定义和 465 条命题。这些公设和公理及基本定义成为《原本》的推理的基础。欧几里得的《原本》是数学史上的一座里程碑，在数学中确立了推理的范式。他的思想被称作"公理化思想"。

二、解析几何的诞生

解析几何是变量数学最重要的体现。解析几何的基本思想是在平面上引入"坐标"的概念，并借助这种坐标在平面上的点和有序实数对(x,y)建立一一对应的关系，于是几何问题就转化为代数问题。解析几何的真正创立者应该是法国数学家笛卡尔和费马。1637 年笛卡尔在《更好地指导推理和寻求科学真理的方法论》的附录《几何学》中清晰地体现了解析几何的思想。而费马则是在论平面和立体的轨迹引论中阐述了解析几何的原理，他在书中提出并使用了坐标的概念，同时建立了斜坐标系和直角坐标系。

三、非欧几何的诞生与发展

非欧几何的诞生源于人们长久以来对欧几里得《原本》中第五公设即平行公设的探讨，但一直未得到公设的结论。直到数学家高斯、波约和俄国数学家罗巴切夫斯基在自己的论著中都描述了这样一种几何，以"从直线外一点可以引不止一条直线平行于已知直线"作为替代公式，进行推理而得出的新的一套几何学定理，并将它命名为非欧几何，一般称为"罗氏几何"。1854年德国数学家黎曼发展了罗巴切夫斯基的几何思想，从而建立了一种更为一般化的几何，称为"黎曼几何"。他认为欧氏几何和罗氏几何都是黎曼几何的一种特例。直到19世纪后期，数学家贝尔特拉米、克莱因、庞加莱在欧氏空间建立了非欧几何的模型，非欧几何才得到理解和承认。

四、射影几何的发展

文艺复兴时期的几何发展源于对宗教绘画的更高追求。画家在绘画中对"同一物体的同一投影的不同截影有什么相同的性质？"等问题产生了兴趣，这导致了透视学的兴起，即催生了射影几何学。法国人德沙格在1639年发表了《试论锥面截平面所得结果的初稿》，这本书也是将数学方法引用于解决透射问题的第一部发表的论著。另一位法国数学家帕斯卡1640年完成了《圆锥曲线论》，提出了射影几何学中的帕斯卡定理。他们对射影几何作出了突出的贡献，但他们局限于将这种几何学作为欧氏几何的部分来研究。

1822年，庞思列发表了《论图形的射影性质》，他在书中提出了两条重要的原理，即"连续性原理"和"对偶原理"。与前辈们不同的是，他讨论的问题不单单是在欧氏几何的模式中进行，而是一般性的问题。与此同时，德国数学家普吕可和莫比乌斯开创了研究射影几何的解析方法，即应用代数的方法来推导对偶原理等射影几何原理的成立。史陶特在1847年出版的《位置几何学》中用坐标概念来重新定义交比，使射影几何摆脱了长度等度量的限制。因此射影几何比欧氏几何更基本。在学者们的努力下，明确了欧氏几何与非欧几何都是射影几何的特例。

五、几何学的统一

非欧几何的创立打破了长久以来人们认为只有欧氏几何的观念。人们开始探寻能否在一般的条件下统一几何学。1872年德国数学家克莱因在《艾儿朗根纲领》中提出了自己统一几何学的基本构想："所谓几何学，就是研究几何图形对于某类变换群保持不变的性质的学问，或者说任何一种几何学只是研究与特定的变换群有关的不变量。"在他之后，希尔伯特为统一几何学提出了实施方法，即公理化方法。希尔伯特在他的《几何基础》中提出了包含20条公理的公理体系，并将它们分为五个组别。而且提出了选择和组织公理系统的原则为相容性、独立性、完备性。这样组织的公理系统中，通过否定或者替换其中条或者几条公理，就能构造出某一种几何。这种公理系统透彻地阐述了几何学的逻辑关系和包含内容，完整地统一了几何学。

第二节　几何学之父——欧几里得

说出来也许会使你感到惊奇：今天你所读的几何课本中的大部分内容，来自 2200多年前的《几何原本》（又称《几何学原理》）。这本书的作者，便是被誉为几何学之父的古希腊著名数学家欧几里得。欧几里得是第一个把几何学系统化、条理化、科学化的人。

欧几里得采用了独特的、前所未有的编写方式。将公元前 7 世纪以来希腊几何积累起来的丰富成果整理在严密的逻辑系统之中，使几何学成为一门独立的、演绎的科学。首先他对公理和公设作了适当的选择（这是非常困难的工作，需要超乎寻常的判断力和洞察力），推出一系列令人钦佩的简洁而精致的公理和公设。然后仔细地将这些定理做了适当地组织与安排，形成了比较完整的知识体系。其逻辑性非常强，几乎无须改进。

《几何原本》作为教科书使用了两千多年。该书问世之后，很快取代了以前的几何教科书。《几何原本》是用希腊文写成的，后来被翻译成多种文字。它首版发行于 1482年，问世之后，它的手抄本流传了 1800 多年。同时被译为世界各主要语种，至今《几何原本》已经出版了上千种不同版本。

《几何原本》主要讨论了平面图形和立体图形几何学方面的知识，但也也讨论了整数、分数、比例等大量代数和数论的内容。提出了比率和比例的问题以及现在为大家所知的数论问题，正是欧几里得证明了素数是无限的。他还通过将光视为直线，使光学成为几何学的一部分。经过欧几里得坚持不懈努力。他终于完成了《几何原本》这部巨著。

随着科技的发展，如今数学家们已经认识到欧几里得的几何学并不是能够设计出来的唯一的一种内在统一的几何体系。在过去的 150 年间，人们已经创立出许多非欧几里得几何体系。自爱因斯坦的广义相对论已被接受以来，人们已经认识到，在现实的宇宙中欧几里得的几何学并非总是正确的。例如，在黑洞和中子星的周围，引力场极强。在这种情况下，欧几里得的几何学无法准确地描述宇宙的情况。但是，这些情况是相当特殊的。在大多数情况下，欧几里得的几何学能够给出非常接近现实世界的结论。

欧氏几何现在广泛地应用于科学研究和生产实践之中，也是中学生必学的一门科学知识。欧氏几何包括一系列的公理和定理，其中最著名的是平行公理，即平面上一直线和两直线相交，当同旁两内角之和小于两直角时，则两直线在同一侧充分延长后一定相交。在现代数学中，研究多维欧氏空间已成为研究多变量函数和线性代数的重要工具之一。

第三节　罗巴切夫斯基的挑战

欧几里得集几何学之大成，将前人分散的几何学成果概括总结加以系统化，写成了《几何原本》这部影响历史的著作。然而，几何原本的定理的证明有一些遗漏和错误，并且在论证过程中引入了很多没有提出的假定，这些假定是因为在图形上看或直观上显然的事实而无意中用上去的。

在前人的基础上，高斯、鲍耶、罗巴切夫斯基三人都独立地发现了非欧几何（双曲线几何学），后两人被认为是非欧几何的创建者，他们都公开发表了自己的论文，而高斯并没有写出过完整的推导。由于罗巴切夫斯基一生都为使非欧几何得到承认而努力，为了纪念罗巴切夫斯基对发展几何学所做出的贡献，这种非欧几何学被称为罗巴切夫斯基几何学。

罗巴切夫斯基，非欧几何之父，生于俄罗斯下诺夫戈罗德，是波兰血统的农民家庭的儿子。1807 年进入喀山大学，并逐步显示出数学方面的才能。他 21 岁时已在大学里执教，并很快提升到教授职位，1827 年担任大学校长。他写过许多数学论文，但是他的名声是作为数学的"异端"，而且是极其成功的异端而确立的。2000 年来，欧几里得及其几何体系一直享有至高无上的地位。学者们普遍认为：数学包含着基本的真理，这些真理不依赖人的认识而存在，就如同 2 加 2 必定等于 4 以及三角形的三个角之和必定等于 180°。罗巴切夫斯基摈弃了这种传统思想的束缚，大胆的设想：不管第 5 公理是否能被证明，他只考虑第 5 公理是否真有必要，以及舍弃它能否建立另一种几何。这个思想火花诞生在 1826 年。那时他已在他讲课时提到：假如从这样的公理出发，即通过一已知直线外一已知点，至少可以画出两条直线平行于该直线，那么这个公理加上欧几里得其余的公理就可以用来得到一种新的非欧几何。

罗巴切夫斯基是从 1815 年着手研究平行线理论的。开始，他也是循着前人的思路，试图给出第五公设的证明。在保存下来的他的学生听课笔记中，就记有他在 1816—1817 学年度向何教学中给出的几个证明。可是，很快他便意识到自己的证明是错误的。前人和自己的失败从反面启迪了他，使他大胆思索问题的相反提法：可能根本就不存在第五公设的证明。于是，他便调转思路，着手寻求第五公设不可证的解答，这是一个全新的，也是与传统思路完全相反的探索途径。罗巴切夫斯基正是沿着这个途径，在试证第五公设不可证的过程上发现一个新的几何世界的。他创造性地运用了处理复杂数学问题常用的一种逻辑方法——反证法。

在创立和发展非欧几何的艰难历程上，罗巴切夫斯基始终没能遇到他的公开支持者，就连非欧几何的另一位发现者德国的高斯也不肯公开支持他的工作。高斯是当时数学界首屈一指的数学巨匠，负有"欧洲数学之王"的盛名，早在1792年，也就是罗巴切夫斯基诞生的那一年，他就已经产生了非欧几何思想萌芽，到了1817年已达成熟程度。他把这种新几何最初称之为"反欧几何"。后称"星空几何"，最后称"非欧几何"。但是，高斯由于害怕新几何会激起学术界的不满和社会的反对，会由此影响他的尊严和荣誉，生前一直没敢把自己的这一重大发现公之于世，只是谨慎地把部分成果写在日记和与朋友的往来书信中。当高斯看到罗巴切夫斯基的德文非欧几何著作《平行线理论的几何研究》（1840年）后，内心是矛盾的，他一方面私下在朋友面前高度称赞罗巴切夫斯基是"俄国最卓越的数学家之一"，并下决心学习俄语，以便直接阅读罗巴切夫斯基的全部非欧几何著作；另一方面，却又不准朋友向外界泄露他对非欧几何的有关告白，也从不以任何形式对罗巴切夫斯基的非欧几何研究工作加以公开评论。高斯凭在数学界的声望和影响，完全有可能减少罗巴切夫斯基的压力，促进学术界对非欧几何的公认。然而，在顽固的保守势力面前他却丧失了斗争的勇气。高斯的沉默和软弱表现，严重限制了他在非欧几何研究上所能达到的高度，而且客观上助长了保守势力对罗巴切夫斯基的攻击。

在科学探索的征途上，一个人经得住一时的挫折和打击并不难，难的是勇于长期甚至终生在逆境中奋斗。罗巴切夫斯基就是在逆境中奋斗终生的勇士。同样，对于我们大学生，正确理解那些已经成熟的或具有明显现实意义的科学技术并不难，难的是及时在思考中获得那些尚未成熟或现实意义尚未显露出来的信息。因此，我们必须在加强自主学习的过程中，不盲目迷信书本、迷信权威，在已有信息的基础上，勇于探索未知的事物。

第四节　上阵不忘父子兵

祖暅，字景烁，又名祖暅之，是祖冲之的儿子，自小对数学有浓厚的兴趣，经常与父亲一起钻研数学问题。祖氏父子在数学和天文学上都有杰出的贡献。

祖暅修补、编辑了祖冲之的《缀术》。他运用祖暅原理十分巧妙的推导了球的体积公式。他在数学上的成就，除了父亲对他的影响，和他自己后天的努力是分不开的。

祖暅原理的原文是"幂势既同，则积不容异"，"幂"即面积，"势"即高。意思是：两个等高的几何体，如果与底面等距离的截面面积总相等。那么这两个几何体的体积相等。

小实验：将一叠作业本放在桌面上组成一个几何体，将它改变一下形状，几何体的形状发生了改变，几何体的高发生改变了吗？几何体的体积发生改变了吗？

其实，取一摞书放在桌面上，将它如图那样改变一下形状，这时高度没有改变，每页纸的面积也没有改变，因而这摞书的体积与变形前相等。

我们来看看柱体的体积吧。

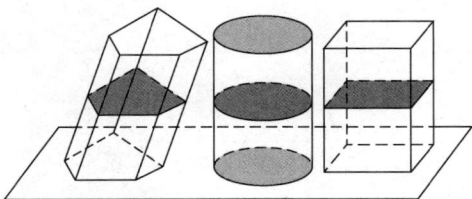

设有底面积都等于 S ，高都等于 h 的任意一个棱柱、一个圆柱和一个长方体，使他们的下底面在同一平面内。你能用祖暅原理推导柱体的体积公式吗？

根据祖暅原理，可知它们的体积相等。由于长方体的体积等于它的底面积乘以高，于是我们得到柱体的体积公式 $V = S \cdot h$ 。其中 S 是柱体的底面积， h 是柱体的高。

例如：有一堆相同规格的六角螺毛坯 5.8kg，已知底面六边形的边长是 12mm，高是 10mm，内孔直径是 10mm，问约有毛坯多少个（铁的比重是 $7.8g/cm^3$）？

其实，六角螺帽毛坯的体积是一个正六棱柱的体积与一个圆柱的体积的差。那么

$V_{正六棱柱}$=[（1.732/2×12×12）×6]×10≈3.74×10^3 立方毫米，$V_{圆柱}$=3.14×25×10≈0.785×10^3 立方毫米，于是毛坯的体积 V=3.74×10^3-0.785×10^3≈2.96×10^3 立方毫米=2.96 立方厘米。最后 5.8×10^3÷（7.8×2.96）≈2.5×10^2（个）。那么这堆毛坯约有 250 个。

第五节 三国时期的数学成就

刘徽的《九章算术注》中有这样的记载："邪解立方有两堑堵，邪解堑堵，其一为阳马，一为鳖臑，阳马居二，鳖臑居一，不易之率也。"意思是说：把一块立方体沿斜线分成相同的两块，这两块叫作堑堵，再把一块堑堵沿斜线分成两块，大的叫阳马，小的叫鳖臑，两者体积比为 2 : 1，这个比率是不变的。

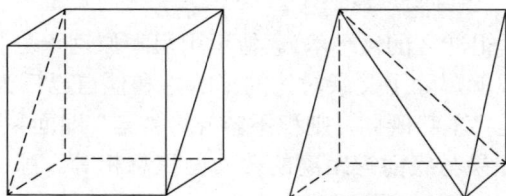

刘徽对此的证明运用了出入相补原理和无穷分割求和原理，具体如下：把阳马和鳖臑沿各边的中点做进一步分割，这样就把阳马分成了 2 个小阳马，1 个小立方体和 2 个小堑堵；把鳖臑分成了 2 个小鳖臑和 2 个小堑堵。先把 2 个小阳马和 2 个小鳖臑放一边，则各自剩下的部分体积比显然为 2 : 1。再将放一边的小阳马和小鳖臑做同样的分割，则可得到更小的阳马、立方体、堑堵和鳖臑，把 4 个小小阳马和 4 个小小鳖臑放一边，各自剩下的部分体积比仍然为 2 : 1。此过程可以无限地做下去，直到剩余部分体积为 0。而整个过程中各自剩下部分体积比总为 2 : 1。这样刘徽就证明了"不易之率"。

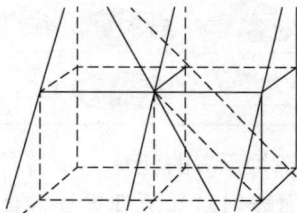

但刘徽出入相补和无穷分割的方法有点难懂，其实，阳马术有一个更直观的理解，方法如下：在阳马的底面再做一条对角分割线，即把阳马分成了三棱锥 $E\text{-}ABC$ 和三棱锥 $E\text{-}BCD$ 两块（如图 3）。再把整个堑堵进行空间旋转得到图 2，对比图 1 和图 2，显然有三棱锥 $E\text{-}ABC \cong$ 三棱锥 $E\text{-}BDF$，则体积相等。最后把阳马单独拿出来观察（如图 3），显然三棱锥 $E\text{-}ABC$ 与三棱锥 $E\text{-}BCD$ 对称，则两者体积相等。综上，三块三棱锥体积都相等，则得到刘徽的"不易之率"。

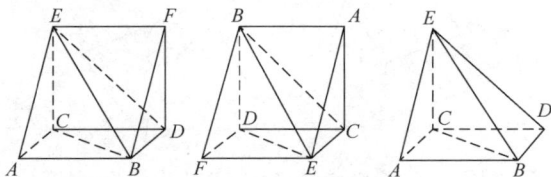

图1　　　　图2　　　　图3

第六节　阿波罗提出的难题——倍立方体问题

传说在公元前 4 世纪，古希腊的雅典流行某种病疫。为了消除灾难，雅典人向神求助，神谕说："要使瘟疫不流行，除非把太阳神阿波罗殿前的立方体香案的体积扩大一倍。"

雅典人很高兴，他们认为这很容易办到，于是把旧香案的各棱放大一倍，做了一个新的立方体香案。新香案放到殿前后，人们以为可以心安理得了，未曾想疫势更加猖獗。雅典人没有办法，只得再去祈求神谕，神谕明白地告诉他们，新香案的体积并不是旧香案的两倍。这下人们给难住了。据说，人们把问题提到柏拉图那里，柏拉图又将问题交给了几何学家。

不管传说是不是真的，倍立方体问题确实曾在柏拉图的学园里研究过，并且欧多克斯、梅纳科莫斯、甚至柏拉图本人都给过了高等几何的解法。

但是，我们知道，倍立方体，化圆为方，三等分角三个问题并称几何三大难题，为初等几何作图中的三大作图不能问题。之所以不能，是因为作图条件是有限制的：只能使用圆规和无刻度的直尺。这是古希腊人对作图的要求。

在《几何原本》中，欧几里得对几何作图给出了明确的规定：作图的工具只能是直尺和圆规，直尺是没有刻度的，只能用来画线，进行线段延长。圆规，只能用来画圆或画弧。这两种工具的使用次数还必须是有限的，否则也算作图不能问题。对于倍立方体问题。事实上，要作出棱长是 $\sqrt[3]{2}$ 的立方体，而 $\sqrt[3]{2}$ 的棱长是无法通过圆规和直尺有限次使用作出，因而倍立体问题便成为一个作图不有问题。

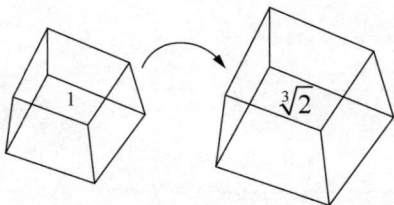

倍立方体的第一个进展，无疑是希波克拉底对此问题的简化：作两给定线段 *s* 和 2*s* 的两个比例中项。如果我们令 *x* 和 *y* 表示这两个比例中项，则 $s : x = x : y = y : 2s$ 在这几个比例式中：$x^2 = sy$，$y^2 = 2sx$，消去 *y* 得：$x^3 = 2s^3$，于是以 *x* 为边的立方体的体积就等于以 *s* 为边的立方体体积的二倍。

在希波克拉底作出简化后，倍立方体问题就成为两给定线段的两个比例中项了。这样，陆续出来一些高等几何的解法。用带刻度的尺也能解决了。

第七节 神奇的柏拉图多面体

"多面体"是日常生活中经常看到的立体，它是被一些平面所包围的立体，例如粉笔盒、三棱镜、新光摩天大楼等等，那些包围多面体的多边形叫作多面体的面，两个面相交的线段叫作多面体的棱，棱与棱的交点叫作多面体的顶点。顶点是由三个或三个以上的面交会出来的。

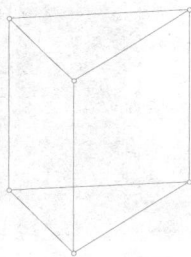

例如：右图中的立体中有 5 个面，9 条棱，6 个顶点。

所谓"柏拉图多面体"（Platonic Polyhedra）就是指正多面体，正多面体就是每个顶点处交会着相同数目全等的正凸多面体且每个立体角相等。正多面体会称为柏拉图多面体并不是因为柏拉图发现了正多面体，而是因为柏拉图及其追随者对它们所作的研究而得名。

如果你认为柏拉图多面体有无数个，那你就错了。这样的规则凸多面体只有五种，即正四面体（小面为三角形）、正六面体（立方体，小面为正方形）、正八面体（小面为三角形）、正十二面体（小面为五边形）和正二十面体（小面为三角形）。

正多面体名称	图示	展开图
正四面体		

正六面体		
正八面体		
正十二面体		
正二十面体		

　　柏拉图时期人们就知道这五种规则多面体。在《蒂迈欧》一书中，柏拉图猜测地上的四种元素风、火、水和土以及天上的 quintessence（即第五种存在）就分别对应这五种形状，因此这五种规则多面体又称为柏拉图多面体。具体地，正四面体对应火，正六面体对应土，正八面体对应气，正二十面体对应水，而正十二面体对应 quintessence 或者宇宙。整个天体为球体。

　　后来，开普勒用它们构造宇宙的模型。柏拉图和开普勒这类人之所以是智者，就在于他们模糊的认识在后来被发现包含着最深刻的道理。这些多面体由球脱胎而来，数学上这些几何体的对称群是球对称群的子群。同学们，有没有觉得柏拉图多面体很神奇呢？

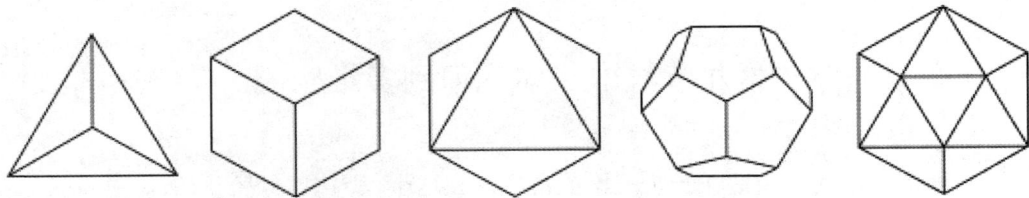

第八节　天才欧拉又来啦

　　欧拉，著名的数学家，瑞士人。他 17 岁获得硕士学位，早年在数学天才贝努里赏识下开始学习数学，毕业后研究数学，是数学史上最高产的作家。其论著几乎涉及所有数学分支。他首先使用 $f(x)$ 表示函数，首先用 Σ 表示连加，首先用 i 表示虚数单位。在立体几何中多面体研究中，首先发现并证明欧拉公式。

当然，聪明来自劳动，天才出于勤奋。1735 年，当欧拉还只有 28 岁时，就瞎了一只眼睛。1766 年，另外一只眼睛也瞎了，但是他仍然以高度的毅力坚韧不拔地从事数学研究，为人类文明史谱写了许多光辉的篇章。欧拉在数学上的贡献多得不胜枚举。我们这一节来看看多面体的欧拉公式。

首先，我们要认识什么是多面体。由若干个平面多边形围成的几何体叫作多面体。由围成多面体的各个多边形叫多面体的面，两个相邻面的公共边叫多面体的棱，棱和棱的公共点叫多面体的顶点，连接不在同一面上的两个顶点的线段叫多面体的对角线。一个多面体至少有四个面，多面体依照它的面数分别叫作四面体、五面体、六面体等。

如果简单多面体的顶点数为 V，面数为 F，棱数为 E，那么 $V+F-E=2$，这就是欧拉公式。

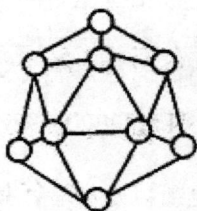

欧拉公式可应用在哪些方面呢？例如：晶体硼的基本结构单元是由 20 个等边三角形组成的正二十面体，其中每一个顶点是一个 B 原子，问这个基本单元是由多少个 B 原子所组成的？其中含有 B-B 键有多少个？

该如何思考呢？由于每一个面有三条边，且共有 20 个面，所以可求得这个正二十面体的棱数（即 B-B 键的个数）$E=\dfrac{3\times 20}{2}=30$。

因为面数 $F=20$，所以由欧拉公式 $V+F-E=2$。可求得顶点 $V=12$，即 B 原子的个数为 12。所以晶体硼的基本结构单元由 12 个 B 原子组成，共含 30 个 B-B 键。

第九节　由立体几何到多维空间

众所周知，我们生活在一个三维的世界。在这个世界中，我们所认知中的三个维度分别是：长（Y 向）、宽（X 向）、高（Z 向）。如果以自身为中心点，这三个维度，也可以理解为前与后、左与右、上与下。我们所在章节研究的空间几何体就是基于三维开展的研究。

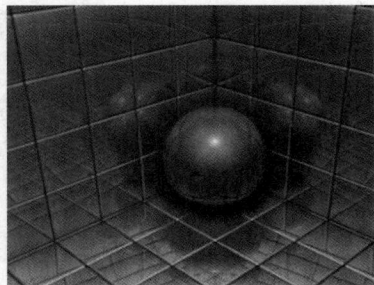

现在假设我们生活在 X 轴上的一维空间中，为方便称呼，暂且把它叫作 X 维空间。在 X 维空间中，我们只能感受到左与右的情况。

这时如果在另一根轴向上平行重叠更多的一维空间，我们就可以进入了二维空间。同样，二维的方向是上下左右，还是前后左右，取决于平行重叠的轴向是 Z 轴还是在 Y 轴上。

当我们采用在 Z 轴方向上重叠无数个 X 维空间时，就得到一个竖立着的平面空间，在这里我们暂且把它叫 XZ 维空间。在 XZ 维空间中，我们只能感受到上下左右的情况。

继续推理，当我们在 Y 轴方向上重叠更多的 XZ 维空间时，就可以进入到一个立体空间，该空间具有 XZY 三个维度，我们暂且把它叫作 XZY 维空间。在 XZY 维空间中，我们能够感受到上下、左右以及前后的情况。

现在我们可以大开脑洞，思考一下，我们所了解的宇宙规则中，有多少个维度？例如平时所说的时间维度，具有过去与未来的特性。所以很多文章中谈到三维空间加上时间维度，形成时间长河中我们所在世界的全景，就可以升阶为四维空间。从上面的推理结果中可以看出，四维空间远不止这一种。例如具有放大与缩小两种属性的尺寸维度，如果将我们的三维空间按照尺寸无限放大和缩小并重叠在一起，形成一个全景，同样也可以生成一个四维空间。而采用不同维度形成的四维空间，就具有了不同的特性，比如我们在时间全景四维空间中，可以实现过去与未来的穿越；在尺寸全景的四维空间中，可以实现宏观世界与微观世界的自由穿越。

第十一章　山重水复疑无路，排列二项又组合

第一节　费尔马与概率论

　　皮埃尔·德·费尔马（Pierre de Fermat，1601—1665）是一位数学天才，他一生从未受过专门的数学教育，数学研究也不过是业余之爱好，被后人称为业余数学之王。在十七世纪的法国还找不到哪位数学家可以与费尔马匹敌，他堪称十七世纪法国最伟大的数学家。

　　费尔马在数学研究和理学研究的很多发面都有突出贡献，特别是在概率论方面的研究，后人称他是概率论的创始人。

　　说起概率论起源的故事，还要介绍另一个法国数学家、物理学家——帕斯卡，他和费尔马研究了意大利的帕乔里的著作——《摘要》，建立了通信联系。

　　1651 年，法国一位贵族梅累向帕斯卡提出了一个十分有趣的"分赌注"问题。两个赌徒下赌金之后，约定谁先赢满 5 局，谁就获得全部赌金。赌了半天，A 赢了 4 局，B 赢了 3 局，时间很晚了，他们都不想再赌下去了。那么，这个钱应该怎么分？是不是把钱分成 7 份，赢了 4 局的就拿 4 份，赢了 3 局的就拿 3 份呢？或者，因为最早说的是满 5 局，而谁也没达到，所以就一人分一半呢？梅累觉得这两种分法都不对。正确的答案是：赢了 4 局的拿这个钱的 $\frac{3}{4}$，赢了 3 局的拿这个钱的 $\frac{1}{4}$。为什么呢？假定他们俩再赌一局，或者 A 赢，或者 B 赢。若是 A 赢满了 5 局，钱应该全归他；A 如果输了，即 A、B 各赢 4 局，这个钱应该对半分。现在，A 赢、输的可能性都是 $\frac{1}{2}$，所以，他拿的钱应该是 $\frac{1}{2} \times 1 + \frac{1}{2} \times \frac{1}{2} = \frac{3}{4}$，当然，B 就应该得 $\frac{1}{4}$。

　　这个问题可把帕斯卡难住了，到底哪种分法是正确的呢？他苦苦思考了两三年，到 1654 年才算有了点眉目。于是他写信给好友费尔马，两人讨论结果，取得了一致的

意见：梅累的分法是对的，他应得 64 个金币的，赌友也应得 64 金币的。通过这次讨论，开始形成了概率论当中一个重要的概念——数学期望。

在上述问题中，数学期望是一个平均值，就是对将来不确定的钱今天应该怎么算，这就要用 A 赢输的概率 $\frac{1}{2}$ 去乘上他可能得到的钱，再把它们加起来。概率论从此就发展起来，今天已经成为应用非常广泛的一门学科。

现在我们再来说说到底什么是概率论。它是研究随机现象数量规律的数学分支，随机现象是相对于决定性现象而言的，在一定条件下必然发生某一结果的现象称为决定性现象。例如在标准大气压下，纯水加热到100℃时水必然会沸腾等是决定性现象。随机现象则是指在基本条件不变的情况下，每一次试验或观察前，不能肯定会出现哪种结果，呈现出偶然性。例如，掷一硬币，可能出现正面或反面，这就是一个典型的随机现象。

随机现象的实现和对它的观察称为随机试验。随机试验的每一可能结果称为一个基本事件，一个或一组基本事件统称随机事件，或简称事件。典型的随机试验有掷骰子、扔硬币、抽扑克牌以及轮盘游戏等。

事件的概率是衡量该事件发生的可能性的量度。虽然在一次随机试验中某个事件的发生是带有偶然性的，但那些可在相同条件下大量重复的随机试验却往往呈现出明显的数量规律。

第二节　轻松认识古典概率

关于古典概率是以这样的假设为基础的，即随机现象所能发生的事件是有限的、互不相容的，而且每个基本事件发生的可能性相等。

例如，抛掷一枚平正的硬币，正面朝上与反面朝上是唯一可能出现的两个基本事件，且互不相容。如果我们把出现正面的事件记为 E，出现事件 E 的概率记为 $P(E)$，则：$P(E) = \frac{1}{1+1} = \frac{1}{2}$。

一般说来，如果在全部可能出现的基本事件范围内构成事件 A 的基本事件有 a 个，不构成事件 A 的事件有 b 个，则出现事件 A 的概率为：

$$P(A) = \frac{a}{a+b}$$

运用古典概率时是有注意事项的。首先，古典概率的假想世界是不存在的。对于那些不能肯定发生，但又有可能发生的事情，古典概率不予考虑，如硬币落地后恰恰站在它的棱上；一次课堂讨论概率时突然着了火等。这些事情都是极其罕见的，但并非不可能发生，古典概率对这些情况一概不予考虑。其次，古典概率还假定周围世界对事件的干扰是均等的。这就是说，虽然按照古典概率的定义，抛平正的硬币出现正面的概率等于 0.5，但是谁敢打赌无论什么时候抛 10 次准有 5 次出现正面呢？在实际生活中无次序的、靠不住的因素是经常存在的，为使概率具有使用价值，必须用其他方法定义概率。

古典概型本质上有三种题型："依次放回取""依次不放回取"与"同时取"，列举的手段有：列"树枝图"和列"数对表"，因此学习古典概率时，要抓住题型并把握列举的方法，我们就古典概型的三种基本题型与列举法的具体操作举例说明。

（1）依次不放回取。

口袋里装有 2 个白球和 2 个黑球，大小形状完全相同，4 个人按顺序依次从中摸出一个球，求第二个人摸到白球的概率。

解析：用 a，b 表示白球，用 1，2 表示黑球，则所有基本事件如下面的"树枝图"：共有 24 个基本事件，其中"第二个人摸到白球"的事件 A 含有 12 个基本事件，如"树枝图"中加横线部分的事件，因此 P（第二个人摸到白球的概率）$= \dfrac{12}{24} = \dfrac{1}{2}$。

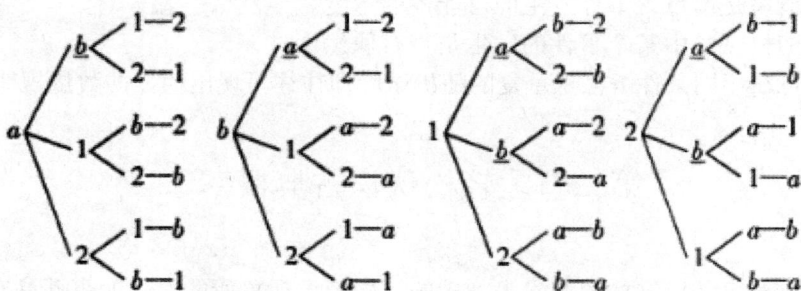

点评：本题中的摸球问题相当于从 4 个球中依次不放回取 4 次，而依次不放回取的关键是取出的球不重复且顺序唯一，因此比较适宜列举手段是"树枝图"。

（2）依次放回取。

某人有 4 把钥匙，其中有 2 把钥匙能把门打开，现每次随机地取 1 把钥匙试着开门，试过的钥匙不扔掉，求第二次和能打开门的概率。

解析：用 a，b 表示能打开门的钥匙，用 1，2 表示不能打开门的钥匙，则所有基本事件如下图的"数对表"，共有 16 个基本事件，其中"第二次才能打开门"的事件含有 4 个基本事件，如"数对表"中加横线部分的事件。因此 P（第二次打开门的概率）$= \dfrac{4}{16} = \dfrac{1}{4}$。

$$aa \quad ab \quad a1 \quad a2$$
$$ba \quad bb \quad b1 \quad b2$$
$$\underline{1a} \quad \underline{1b} \quad 11 \quad 12$$
$$\underline{2a} \quad \underline{2b} \quad 21 \quad 22$$

（3）同时取。

柜子里有 3 双不同的鞋，随机地抽取 2 只。试求下列事件的概率：①取出的鞋不成对；②取出的鞋都是左脚；③取出的鞋都是同一只脚；④取出的鞋一只是左脚的，一只是右脚的，但不成对。

解析：用 A_1，A_2 分别表示第一双鞋的左右鞋，用 B_1，B_2 分别表示第二双鞋的左右鞋，用 C_1，C_2 分别表示第三双鞋的左右鞋，则所有事件如下面的"数对表"，共有 15 个基本事件，其中取出的鞋都是"同一只脚的"的事件包括 6 个基本事件，如"数对图"中加横线部分的事件，因此 P（都是同一只脚的概率）$= \dfrac{6}{15} = \dfrac{2}{5}$，同理可得 P（取出的鞋不成对的概率）$= \dfrac{12}{15} = \dfrac{4}{5}$，$P$（都是左脚的概率）$= \dfrac{3}{15} = \dfrac{1}{5}$，$P$（一左一右，但不成对的概率）$= \dfrac{6}{15} = \dfrac{2}{5}$。

$$A_1A_2 \quad \underline{A_1B_1} \quad A_1B_2 \quad \underline{A_1C_1} \quad A_1C_2$$
$$A_2B_1 \quad \underline{A_2B_2} \quad A_2C_1 \quad \underline{A_2C_2}$$
$$B_1B_2 \quad \underline{B_1C_1} \quad B_1C_2$$
$$B_2C_1 \quad \underline{B_2C_2}$$
$$C_1C_2$$

第三节　排列组合发展简史

一、组合学的发展史

虽然数数始于结绳计数的远古时代，由于那时人的智力的发展尚处于低级阶段，谈不上有什么技巧。随着人们对于数的了解和研究，在形成与数密切相关的数学分支的过程中，如数论、代数、函数论以至泛函的形成与发展，逐步地从数的多样性发现

组合学

数数的多样性，产生了各种数数的技巧。同时，人们对数有了深入的了解和研究，在形成与形密切相关的各种数学分支的过程中，如几何学、拓扑学以至范畴论的形成与发展，逐步地从形的多样性也发现了数形的多样性，产生了各种数形的技巧。

近代的集合论、数理逻辑等反映了潜在的数与形之间的结合。而现代的代数拓扑和代数几何等则将数与形密切地联系在一起了。这些，对于以数的技巧为中心课题的近代组合学的形成与发展都产生了而且还将会继续产生深刻的影响。由此观之，组合学与其他数学分支有着必然的密切联系。它的一些研究内容与方法来自各个分支也应用于各个分支。当然，组合学与其他数学分支一样也有其独特的研究问题与方法，它源于人们对于客观世界中存在的数与形及其关系的发现和认识。例如，中国古代的《易经》中用十个天干和十二个地支以六十为周期来记载月和年，以及在洛书河图中关于幻方的记载，是人们至今所了解的最早发现的组合问题甚或是架构语境学。

于 11 和 12 世纪间，贾宪就发现了二项式系数，杨辉将它整理记载在他的《续古抉奇法》一书中，这就是中国通常称的杨辉三角。事实上，12 世纪印度的婆什迦罗第二也发现了这种组合数。13 世纪波斯的哲学家曾讲授过此类三角。而在西方，布莱士·帕斯卡发现这个三角形是在 17 世纪中期。这个三角形在其他数学分支的应用也是屡见不鲜的。同时，帕斯卡和费马均发现了许多与概率论有关的经典组合学的结果。因此，西方人认为组合学开始于 17 世纪。

组合学一词是德国数学家莱布尼茨在数学的意义下首次应用。也许，在那时他已经预感到了其将来的蓬勃发展。然而只有到了 18 世纪欧拉所处时代，组合学才可以说开始了作为一门科学的发展，因为那时，他解决了柯尼斯堡七桥问题，发现了多面体（首先是凸多面体，即平面图的情形）的顶点数、边数和面数之间的简单关系，被人们称为欧拉公式。甚至，当今人们所称的哈密顿圈的首创者也应该是欧拉。这些不但使欧拉成为组合学的一个重要组成部分——图论而且也成为占据现代数学舞台中心的拓扑学发展的先驱。同时，他对导致当今组合学中的另一个重要组成部分——组合设计中的拉丁方的研究所提出的猜想，人们称为欧拉猜想，直到 1959 年才得到完全的解决。

19 世纪初，高斯提出的组合系数，今称高斯系数，在经典组合学中也占有重要地位。同时，他还研究过平面上的闭曲线的相交问题，由此所提出的猜想称为高斯猜想，它直到 20 世纪才得到解决。这个问题不仅贡献于拓扑学，而且也贡献于组合学中图论的发展。

二、我国历史上对排列组合问题的研究

排列组合问题，最早见于我国的《易经》一书。所谓"四象"就是每次取两个爻

的排列，"八卦"是每次取三个爻的排列。在汉代数学家徐岳的《数术记遗》（公元 2 世纪）中，也曾记载有与占卜有关的"八卦算"，即把卦按不同的方法在八个方位中排列起来。它与"八个人围一张圆桌而坐，问有多少种不同坐法"这一典型的排列问题类似。

11 世纪时，北宋数学家邵雍还进一步研究了六十四卦的排列问题。学问神秘，经历传奇的邵雍这门绝学，得从河图洛书说起。

黄河浮出既像龙又像马的动物，背上书写着图案，献给伏羲，伏羲据此画八卦，文王又演绎为六十四卦。洛河浮出神龟，背上也书写着图案，献给大禹，大禹据此治理天下。当然这只是神话传说。但是春秋战国秦汉时期的人们确信河图洛书是真的，是易经的起源，可是谁也没见过，于是大多数学者主要研究易经的义理。易经的义理就是古代的哲学，用今天的哲学语言描述，阴阳就是矛盾的对立和统一，五行就是事物之间互相联系和制约，八卦、六十四卦就是事物的变化。两汉也有研究易经象数的，象就是八卦图案的象征意义，数就是八卦数字的象征意义，研究象数的人很少，而且很深奥，很神秘，基本是师徒相传。不知传了多少代，传到邵雍这儿。

邵雍研究易经象数达到了巅峰，写成专著叫《皇极经世》，这书名北宋的人就看不懂，邵雍的儿子是这样解释的：皇——至大，极——至中，经——至正，世——至变。其中"中正"是中国文化的核心，"中正"就是中庸之道，就是不偏不倚，无过无不及。最大的中正+最大的变化，其含义真是可意会却难以言传。简单地说，《皇极经世》象数是这样的：一年 12 个月，一个月 30 天，一天 12 个时辰，一个时辰 30 分，这 4 个数其实是 2 个数，即 12 与 30，12×30=360，以 360 年为单位划分历史，360 年为一世；这 4 个数与 64 卦以相乘的关系排列组合，最终得数为 1216192320，即 12 亿 1000 多万年，邵雍认为这是天地的寿命。邵雍如此阐释易经，被明末清初思想家王船山斥为"释经之大蠢"，现代学者则批评为"书斋里的数字游戏"。

又说到唐朝，僧人一行曾经研究过围棋布局的总数问题。古代的棋盘共有 17 路，289 个点，后来发展到 19 路 361 个点。一行曾计算过一切可能摆出的棋局总数。后来，17 世纪，北宋时期沈括在《梦溪笔谈》中，进一步讨论了围棋布局总数问题。他利用一些排列、组合的办法对一行的计算作了分析。沈括指出，当 361 个棋子全用上时，棋局总数达到 10000^{52} 的数量级。

第四节　创造于世界前列的杨辉三角

杨辉三角形，又称贾宪三角形，帕斯卡三角形，是二项式系数在三角形中的一种几何排列。在我国南宋数学家杨辉所著的《详解九章算术》（1261 年）一书中用如图的三角形解释二项和的乘方规律。

北宋人贾宪约 1050 年首先使用"贾宪三角"进行高次开方运算。

杨辉，字谦光，南宋数学家。在 1261 年所著的《详解九章算法》一书中引有贾宪的《黄帝九章细草》中的"开方作法本源"图，后被称为"杨辉三角"，它是中国数学史上的一个伟大成就。在欧洲，帕斯卡（1623—1662）在 1654 年发现这一规律，所以这个表又叫作帕斯卡三角形。帕斯卡的发现比杨辉要迟 393 年，比贾宪迟 600 年。

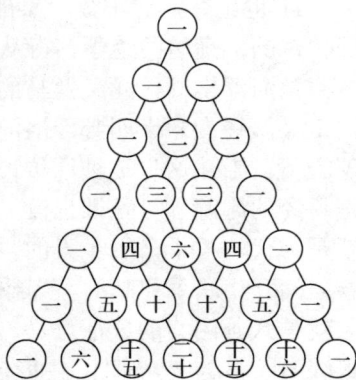

元朝数学家朱世杰在《四元玉鉴》（1303 年）扩充了"贾宪三角"成"古法七乘方图"。

意大利人称之为"塔塔利亚三角形"以纪念在 16 世纪发现一元三次方程解的塔塔利亚。

在欧洲直到 1623 年以后，法国数学家帕斯卡在 13 岁时发现了"帕斯卡三角"。

布莱士·帕斯卡的著作介绍了这个三角形。帕斯卡搜集了几个关于它的结果，并以此解决一些概率论上的问题，影响面广泛，和亚伯拉罕·棣·美弗（1730 年）都用帕斯卡来称呼这个三角形。

近年来国外也逐渐承认这项成果属于中国，所以有些书上称这是"中国三角形"。

其实，中国古代数学家在数学的许多重要领域中处于遥遥领先的地位。中国古代数学史曾经有自己光辉灿烂的篇章，而杨辉三角的发现就是十分精彩的一页。

（一）杨辉三角的幂的关系

首先我们把杨辉三角的每一行分别相加，如下：

```
        1                (1)
      1   1              (1+1=2)
    1   2   1            (1+2+1=4)
  1   3   3   1          (1+3+3+1=8)
1   4   6   4   1        (1+4+6+4+1=16)
```

```
   1   5   10   10   5   1        （1+5+10+10+5+1=32）
 1   6   15   20   15   6   1      （1+6+15+20+15+6+1=64）
```
……

相加得到的数是 1，2，4，8，16，32，64，……刚好是 2 的 0，1，2，3，4，5，6，……n 次幂，即杨辉三角第 n 行中 n 个数之和等于 2 的 $n-1$ 次幂。

（二）二项式定理与杨辉三角

与杨辉三角联系最紧密的是二项式乘方展开式的系数规律，即二次项定理。

我们首先从一个二次多项式 $(a+b)^2$ 的展开式来探讨。由上式得出：

$(a+b)^2 = a^2 + 2ab + b^2$，此代数式的系数为 1　2　1

$(a+b)^3 = a^3 + 3a^2b + 3ab^2 + b^3$，此代数式的系数为 1　3　3　1

$(a+b)^4 = a^4 + 4a^3b + 6a^2b^2 + 4ab^3 + b^4$，此代数式的系数为 1　4　6　4　1

似乎发现了一些规律，杨辉三角形的系数分别为 $(a+b)^n$ 展开式从左到右每一项的系数。

总结杨辉三角对于我们初一同学好理解的规律，如下五点：

（1）每个数等于它上方两数之和；

（2）每行数字左右对称，由 1 开始逐渐变大；

（3）第 n 行的数字有 $n+1$ 项；

（4）第 n 行数字和为 2^{n-1} [2 的（$n-1$）次方]；

（5）$(a+b)^n$ 的展开式中的各项系数依次对应杨辉三角的第（$n+1$）行中的每一项。

第五节　紧跟大数据时代

纵观人类文明的发展历程，数据（data）总是如影相随，它的拉丁文解释"已知"就清晰地表达了人们试图通过数据来研究规律，发现规律，乃至更好地理解我们生存的空间。人类探索世界的脚步从来就没有停止过，总尝试着将一切信息用数据来表达、分析，以期更好地理解事实的真相，把握客观规律，推动社会的发展。在很长一段时间，准确分析大量数据对我们而言都是一种挑战，毕竟我们记录、储存和分析数据的工具不够好，尤其是在 20 世纪后期，部分前沿学科如天文学和基因学研究出现的海量数据更使人们感受到前所未有的挑战。现代信息技术的飞速发展给我们带来了机遇，正是在这些领域，人们运用高速计算机存储记录数据，借助云计算技术以及统计模型对海量数据进行分析，获得了前所未有的进步。

大数据，指无法在一定时间范围内用常规软件工具进行捕捉、管理和处理的数据集合，是需要新处理模式才能具有更强的决策力、洞察发现力和流程优化能力的海量、高增长率和多样化的信息资产。

麦肯锡全球研究所给大数据出的定义是：一种规模大到在获取、存储、管理、分析方面大大超出了传统数据库软件工具能力范围的数据集合，具有海量的数据规模、快速的数据流转、多样的数据类型和价值密度低四大特征。

大数据技术的战略意义不在于掌握庞大的数据信息，而在于对这些含有意义的数据进行专业化处理。换而言之，如果把大数据比作一种产业，那么这种产业实现盈利的关键，在于提高对数据的"加工能力"，通过"加工"实现数据的"增值"。

从技术上看，大数据与云计算的关系就像一枚硬币的正反面一样密不可分。大数据必然无法用单台的计算机进行处理，必须采用分布式架构。它的特色在于对海量数据进行分布式数据挖掘。但它必须依托云计算的分布式处理、分布式数据库和云存储、虚拟化技术。

随着云时代的来临，大数据也吸引了越来越多的关注。分析师团队认为，大数据通常用来形容一个公司创造的大量非结构化数据和半结构化数据，这些数据在下载到关系型数据库用于分析时会花费过多时间和金钱。大数据分析常和云计算联系到一起，因为实时的大型数据集分析需要像 MapReduce 一样的框架来向数十、数百或甚至数千的电脑分配工作。大数据需要特殊的技术，以有效地处理大量的容忍经过时间内的数据。适用于大数据的技术，包括大规模并行处理（MPP）数据库、数据挖掘、分布式文件系统、分布式数据库、云计算平台、互联网和可扩展的存储系统。

这一切都始于数字时代到来后我们所产生的数据量的指数激增。这主要是因为计算机、因特网和技术能够从我们生活的真实世界中获取信息，并将其转化为数字数据。在 2017 年，当我们上网时、当我们携带配备 GPS 的智能手机时、当我们通过社交媒体或聊天应用程序与我们的朋友沟通时，以及我们在购物时，我们会生成数据。你可以说，我们所做的涉及数字交易的一切都会留下数字足迹，这几乎是我们生活的一切。

除此之外，机器生成的数据量也在快速增长。当我们的"智能"家庭设备彼此通信或与他们的家庭服务器通信时，数据就会生成和共享。世界各地的工厂和工厂的工业机械越来越多地配备了传感器来收集和传输数据。很快，自动驾驶的汽车将走上街头，将他们所到之处周围的环境实时、四维的地图发送回家。

2008 年，数家国际知名科学媒体推出"大数据"专刊，将大数据这一概念推至世人面前并引发前所未有的关注。自大数据诞生之日起，政府、学界、企业用"大数据"这一全新的视角重新审视我们的现实世界，会发现我们从来没有像今天这样，有机会和条件在非常多的领域和非常深入的层次获得与使用全面数据，深入探索现实世界的规律，获取过去不可能获取的知识。人类这一思维以及行为方式的突破无疑顺应了时代的发展，标志着人们在寻求科学量化和理性认识世界的道路上前进了一大步。

人们利用大数据技术在诸多领域取得了实质性的突破。例如，在政府公共管理领域，相关部门基于大型搜索引擎几千万条最为频繁的检索内容，分析流感等病疫状况，并结合气温变化、环境指数、人口流动等因素建立预测模型，这将为政供实时的流行疾病动态监测以及早期预警，还比如交通管理部门利用大数据分可以得知哪一时间、哪一地段最容易拥堵，或在这一地段附近多修路，或提前以引导居民合理安排出行，实现对交通流的最佳配置和控制，改善交通状况。大数据技术将使得企业的管理更为精准，产生效益。例如，智能电网在欧洲已普及，它每隔 5 分钟或 10 分钟收集一次数据，系统基于大数据可以预测用户的用电习惯等，并推断出在未来 2~3 个月时间里，整个电网大概需要多少电。电网管理此即可向发电企业提前购买一定数量的电，以降低采购成本，还比如，跨国零售企业可以通过对其门店销售数据的整合分析，更准确地了解不同地域文化的消费者对其产品款式的偏好，从而更智能地决定门店的库存备货策略。

大数据技术也渗透到人们的日常生活中，比如，在医院的儿科部门，诊疗系统会记录早产儿和患病婴儿的每一次心跳，然后将这些数据与历史数据相结合建立识别模式。基于这些分析，系统可以在婴儿表现出任何明显的症状之前就检测到感染，这使得医生可以早期干预和治疗。还比如，购物平台结合用户的浏览记录推断出每个用户的关注点，从而推送更前沿更详细的信息，以满足多样化的需求，据来全球范围内，运用大数据推动经济发展，完善社会治理，提升政府服务和监管能力正成为趋势，有关发达国家相继制定实施大数据战略性文件，大力推动大数据发展和应用，2015 年 8 月 31 日，中华人民共和国国务院印发《促进大数据发展行动纲要》，系统部署大数据发展工作。相关领域专家表示，数据的重要作用日益凸显，我们有必要"用数据说话，用数据决策，用数据管理，用数据创新"，更好地服务于国家发展战略。

洛杉矶警察局和加利福尼亚大学合作利用大数据预测犯罪的发生。

google 流感趋势（Google Flu Trends）利用搜索关键词预测禽流感的散布。

统计学家内特·西尔弗（Nate Silver）利用大数据预测 2012 年美国选举结果。

麻省理工学院利用手机定位数据和交通数据建立城市规划。

梅西百货的实时定价机制。根据需求和库存的情况，该公司基于 SAS 的系统对多达 7300 万种货品进行实时调价。

医疗行业早就遇到了海量数据和非结构化数据的挑战，而近年来很多国家都在积极推进医疗信息化发展，这使得很多医疗机构有资金来做大数据分析。

回溯人类文明的发展史，科学技术的每一个重大突破，都会引起生产力的深刻变革和人类社会的巨大进步，而大数据技术正改变着我们的生活模式和理解世界的方式，成为新发明和新服务的源泉。更为重要的是，大数据开拓了我们的思维，为我们理解事物的规律打开了一扇大门，但真正的价值还远未发掘，这需要我们蓄势待发，共同创造。

第六节 数学教授谈足球博彩：庄家是稳赚不赔的

博彩公司操纵比赛论甚嚣尘上，很大程度上是因为博彩业与足球业走得太近。从皇马这样的豪门，到富勒姆这样的小球队，博彩公司的广告占据了大大小小球队的胸前广告，不仅是胸前广告，博彩公司还会买下球场内的广告牌。

世界上很多著名的合法博彩公司多是英国制造，如博彩业旗舰威廉希尔和立博，这两家公司的投注站遍布英国，同时拥有广泛的全球客户，很多小型博彩公司和庄家都会抄袭他们的赔率。

专栏作家柯林斯指出，20家英超球队几乎都有自己的合作博彩机构，甚至有些球队有不止一家，一些球队胸前广告直白写道："这是一家亚洲顶级线上博彩公司"。

不仅是英超与博彩公司有密切商业合作，其他几大联赛也离不开博彩公司的赞助。博彩巨头 Bwin 是欧洲多家豪门的赞助商，曾经占据皇马球衣广告6年，每年赞助费高达2000万欧元，虽然如今被阿联酋航空取代，但仍然是皇马主要赞助商。

但并不是每个博彩者都能欢喜收场。在穆迪看来，博彩还是十赌九输的，"我曾是一名投注经纪人也是一名博彩者，我对两边都有了解，做投注经纪人不容易，但更不容易的是在比赛中赢钱。我不像一些人在单场比赛押注10万到20万美元，你很难保证是长胜者，不是很多人都能够做到这一点。"

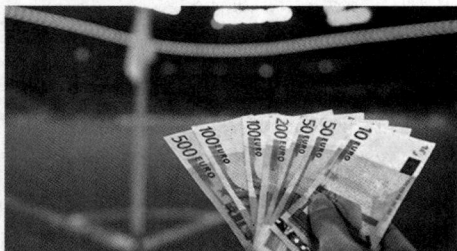

外行看热闹内行看门道，世界杯每场比赛前，各种媒体、各路分析人士总是津津乐道地分析各种盘口，如何通过看三大博彩公司的赔率预测比赛胜负，吹水、独赢、波胆等博彩术语满天飞，实际上，博彩公司是如何设置赔率吸引博彩者下注的呢？

其实，投注者在研究博彩公司的盘口，而博彩公司也在研究投注者。曾担任投注经纪人的穆迪表示，当博彩公司为世界杯比赛设置赔率时最重要的考量因素就是"民意"——公众更看好谁输谁赢。了解之后，博彩公司会设置一个使两支球队能吸引差不多相同赌资的赔率，也就是让投注者给两支球队都押注。如果庄家使两支球队押注钱数差不多，那么他就可以做到无论比赛输赢，自己都稳赢的局面。当然，有时庄家会看好一支球队，而投注者则看好另一支球队，这都会在赔率上显示出来。

对于世界杯这样的大型赛事，穆迪解释，庄家设置赔率时还要充分去了解球队情况，如谁受伤了，首发阵容是什么。由于教练的战术和人员安排可能朝令夕改，因此会有专门人去紧盯球队动向，解读教练的意图。

那么，全盘来看，为什么球迷总是玩儿不过庄家呢？"从起源看，概率学的诞生就是为了迎合赌博的需求。"数学家陈大岳直言不讳地说，博彩公司等庄家手握大量的历史交锋等数据，在开赛前就已经通过大量的精准计算，对比赛结果作了最好的预测，并给出他们认为最"合理"的赔率。当然，由于掺杂了主观判断，不同庄家给出的赔率略有不同。

陈大岳说，概率统计学上有一个著名的大数定律。通俗地讲，某件事情发生的概率总是稳定的，比如从全社会看，男女性别比是稳定的。同理，只要参与博彩的散家足够多，通过赔率的设定，庄家肯定是稳赚不赔的。反过来说，下家总体上必定是稳赔不赚。"从下家的角度来看，足球博彩理论上是没有技巧可言的，庄家把该分析的都已经分析透彻了。"陈大岳说，或许真球迷也能够做到大数据分析，来尽量提高中彩概率。但对大多数下家而言，更多的只是碰运气。

第七节　抽签与顺序有关吗

在日常生活中，我们经常需要用抽签的方式来解决问题，各类比赛出场顺序也会使用抽签方法，商场抽奖会使用抽签方法，一个班级里从学生当中选代表同样会使用抽签方法。那么，大家就很关注一个问题了：抽签先后顺序对抽奖概率有没有影响呢？

抽签原理来自自全概率公式，是指抽签的顺序和中签的概率无关，先抽跟后抽的概率都是一样的。

举例说明，假设只设有一个奖品，A、B、C、D、E五个人都想得到，那如何公平分配呢？经过讨论，大家一致决定将奖品放到 5 个外表相同但看不到内部的盒子中，五个人依次抽签选择。对于 A 来说，从 5 个盒子中选一个，中奖的概率是 $P_1 = \dfrac{1}{5}$。接下来是 B，当 B 知道 A 抽奖结果时，这时会出现两种情况，即如果 A 抽中了，B 就没有必要继续抽奖了，所以 B、C、D 的抽奖概率都为 0；如果 A 没有抽中，B 的中奖概率就为 $P_2 = \dfrac{1}{4}$，显而易见，当后者知道前者的抽奖结果时，每个人的中奖结果概率是不一样的。

那么如果后者不知道前者的抽奖结果，中奖的概率会有不同吗？同样，A 先从 5 个盒子中选一个，中奖的概率同样是 $P_1 = \frac{1}{5}$。为了求得 B 抽到奖票的概率，我们把 A、B 抽奖的情况做一整体分析，从 5 个箱子中先后选出 2 个，可以看成从 5 个元素中抽出 2 个元素进行排列，B 抽到奖品的概率为是 $\frac{1}{5}$。以此类推，也所有人最后抽出来的结果都是同一个排列而已，抽中奖品的概率都为 $\frac{1}{5}$。在这个排列问题中没有任何一个位置比别人特殊，于是每个位置中签的可能性必然是相等的。因此，抽签的先后顺序和中奖的概率无关。

经过以上分析，我们会发现，抽签选择是一种较公平的选择方法，在不公布结果的情况下，抽签先后顺序是不会影响中奖概率的。

第八节 排列组合在城市绿化规划中的应用

排列组合作为一种数学理论方法，是高中数学中的重点学习内容。在现实生活中，被广泛应用，许多实际问题的解决从原理上都依赖于排列组合。排列组合从其内容来看，相对比较抽象，而且在解决问题的方法上也相对灵活，与实际生活密切相关。但在掌握的过程中，不但需要一定的思维能力，还需要灵活的技巧，对于同学们来说，

是学习当中相对困难的一个部分，但是如果掌握了一定的方法，就能够将问题轻易解答。理论与实际相结合，将这种枯燥难于理解的理论知识，完全应用到现实生活中去，在实践中提高思维能力，从而认识排列组合的理论性和逻辑性，掌握学习方法。以实践促进学习，再将所学到的知识充分运用到指导实践中去，达到了学以致用的最终目的。

在现实生活中，能够应用到排列组合的领域随处可见，生产中产品合格率的检测、生活中城市绿化问题都体现了排列组合在生活应用的广泛性及解决问题的重要性。在城市绿化规划布局中，为了节省电力资源，同时还要保证照明，这就需要在所有的路灯安排上做出一定的排列组合，下面的案例是我们生活中常见的问题，将排列组合的捆绑法，抽空法等应用到解决实际问题当中，为城市绿化工作提供了方便。

案例：如图，商业步行街中心花坛内有五个花池，备有五种不同颜色的花卉可供栽种，每个花池内只能种同种颜色的花卉，相邻两池的花色不同，则最多有几种栽种方案？

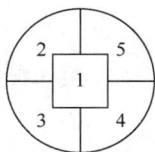

解析：（1）若 5 个花池栽了 5 种颜色的花卉，方法有 C_5^5 种；

（2）若 5 个花池栽了 4 种颜色的花卉，则 2、4 两个花池栽同一种颜色的花，或者 3、5 两个花池栽同一种颜色的花，方法有 $2\,C_5^5$ 种；

（3）若 5 个花池栽了 3 种颜色的花卉，方法有 C_5^3 种；

所以最多有 $C_5^5 + 2\,C_5^5 + C_5^3 = 420$ 种栽种方案。

市政的绿化工程种类繁多，品种众多，怎么才能够避免重复绿化，不让民们审美疲劳，就要用到排列组合的知识了。

第九节　排列组合在投资中的应用

排列组合在投资领域的应用非常广泛。比如做哪一种生意，选哪一个行业，买哪个地段的门面，当谁的天使投资人等等。今天就以股票投资为例，分析排列组合的应用。我们可以将股票内容与价位进行全方位的排列组合，并据此进行股票的买卖。股票内容与价位的排列组合，一般有四种情形：

（1）内容佳，价位高；

（2）内容佳，价位低；

（3）内容差，价位高；

（4）内容差，价位低。

这里所讲的股票内容，除了公司的纯益或股利之外，还包括公司的营运能力、获利能力以及未来展望等。这里所说的市值是指目前的市价。过了这四种排列组合的架构以后，即可将所有上市的股票予以归类。

一般来说，第一类内容佳、价位高以及第四类内容差、价位低的股票，应该算是"名副其实"。因此，这两类股票不可能出现大幅度波动。至于第二类内容佳、价位低以及第三类内容差、价位高的股票，由于名不符实，将会出现调整的可能。因为内容佳的股票，其价位都落于人后，投资报酬率势必显得突出，游资就会自然而然地往这些投资报酬高的地方流，所以此类股票价格极易获得调整。由于资金总是流向投资回报高的地方，所以此时你最好卖出第三类潜质差、价位高的股票，购进第二类潜质好、价位低的股票。这种投资组合的调整，会给你带来意想不到的收获。

这种投资策略的简单操作方法是：投资者设定一个 10% 的涨幅为获利目标，只要所购股票的涨幅超过 10%，就立即予以卖出而不去考虑其他相关情况的变化。

由于股票市场是一个波动的市场，在一两个月内，一些股票的波幅超过 10% 是很正常的事，因此，短期投资者只要选择好所持股票，有效地把握 10% 的上下限，在恰当的时候购进，便很容易在短期内获取利润。

但使用这种方法也有缺陷，主要是如果投资者在售出股票后，其股价继续上扬，则有可能失去获取更多利润的机会；如果股价上涨长期达不到设定的 10% 的幅度，则往往会使投资者的资金长期被绑在股票上而不能灵活运用。

此外，需要指出的是，采用赚 10% 计划法时，还必须考虑税收和佣金因素，如果这些成本高于或接近股票投资所获利润，就不适用于此投资法了。

如果结合巴菲特的价值投资理论，我们就可以将这个股票的排列组合加入成长曲线和公司的估值两个因素，在买入和卖出的节点上就能有更多更好的参考。

同理，其他投资也可以利用这种方法进行排列组合，当积累了足够多的投资组合模型后，财富自由不就水到渠成了吗？

第十节　数学与经济密不可分

数学可以说是很多学科的基础，跟经济当然也是有密不可分的关系了。

我们分三个方面来说明。

（一）数学对现代经济学研究和发展的影响

随着经济学发展以及研究的深化，经济学家们逐渐认识到，在考虑和研究问题时，要求具有逻辑严谨的理论分析模型和通过计量分析方法进行实证检验，需要完全弄清楚一个结论成立需要哪些具体条件。单纯依靠文字描述进行推理分析，不能保证对所研究问题前提的规范性及推理逻辑的一致性和严密性，也不能保证其研究结论的准确性、易证实性和理论体系的严密。这样以数学和数理统计作为基本的分析工具就成为现代经济学研究中最重要的分析工具之一。每个学习现代经济学和从事现代经济学研究的人必须掌握必要的数学和数理统计知识。现代经济学中几乎每个领域或多或少都要用到数学、数理统计及计量经济学方面的知识，而且不了解相关的数学知识，就很难准确理解概念的内涵，也就无法对相关的问题进行讨论，更谈不上自己做研究，给出结论时所需要的边界条件或约束条件。理解概念是学习一门学科，分析某一问题的前提。如果想要学好现代经济学，从事现代经济学的研究，就需要掌握必要的数学。

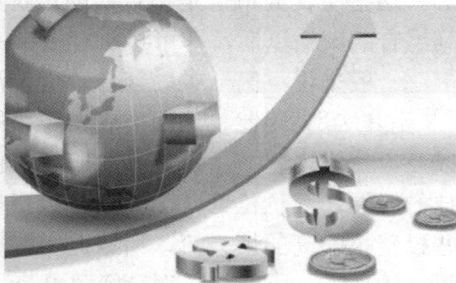

（二）数学在经济学应用中的意义

如果经济学没有采用数学，经济学就不可能成为现代经济学。许多经济学概念是需要用数学来定义，经济行为和经济现象也主要是通过运用数学语言来分析和研究的。用数学语言来表达关于经济环境和个人行为方式的假设，用数学表达式来表示每个经济变量和经济规则间的逻辑关系，通过建立数学模型来研究经济问题，并且按照数学的语言逻辑地推导结论。因此，不了解相关的数学知识，就很难准确理解概念的内涵，也就无法对相关的问题进行讨论。数学在理论分析中的作用是：①使得所用语言更加精确和精炼，假设前提条件的陈述更加清楚，这样可以减少许多由于定义不清所造成的争议；②分析的逻辑更加严谨，并且清楚地阐明了一个经济结论成立的边界和适应范围，给出了一个理论结论成立的确切条件；③利用数学有利于得到不是那么直观就得到的结果；④它可改进或推广已有的经济理论。

（三）数学在经济学中应用的局限性

首先，经济学不是数学，数学在经济学中只是作为一种工具被用来考虑或研究经济行为和经济现象。数学作为工具和方法必须在经济理论的合理框架中才能真正发挥其应有作用而不能将之替代经济学。其次，经济理论的发展要从自身独有的研究视角出发去研究、分析现实经济活动内在的本质和规律。经济学中运用的任何数学方法，离不开一定的假设条件它不是无条件地适用于任何场所，而是有条件适用于特定的领域。再次，数学计量分析方法只是执行经济理论方法的工具之一，而不是唯一的工具。经济学过分对数学的依赖会导致经济研究的资源误置和经济研究向度的单一化从而不利于经济学的发展。

诺贝尔经济学奖从 1969 年开始颁发，至今已历 34 届，获奖者达 51 人。除了 1974 年获奖的哈耶克，几乎所有的获奖成果都用到了数学工具。一半以上获奖者都是有深厚数学功底的经济学家，还有少数获奖者本身就是著名的数学家。人们习惯称数学为自然科学"王冠上的明珠"，经济学中为社会科学的"皇后"。 有人做过统计，仅 1969 年首届诺贝尔经济学奖颁发至 1981 年间的 13 个获奖成果中，其中 8 次是成功地将数学方法运用于经济学领域的工作。可以说，诺贝尔经济学奖从 1969 年首次授予计量经济学的奠基人 R. Frish（挪威，1895—1979）和 J. Jinbergen（荷兰，1903—1994）以来，就与数学结下了不解之缘。正如瑞典著名的经济学家，后来的瑞典皇家科学院院长 E. Lundberg 在首届颁奖仪式上的讲话所说："过去四十年中，经济科学日益朝着数学表达经济内容和统计定量的方向发展。"1997 年 3 月，1996 年诺贝尔经济学奖获得者 James Mirrcless 在波兰给数学家作了一次学术报告。主持人以幽默的方式介绍他时说："诺贝尔奖没有数学家的份，不过，数学家已找到了摘取诺贝尔桂冠的途径——那就是把自己变成经济学家！"这些讲话都是相当客观而深刻的。